R. Scott Hurd
Das Geschenk der Vergebung

R. Scott Hurd

Das Geschenk der Vergebung

Wie wir Verwundungen überwinden können

VERLAG NEUE STADT
MÜNCHEN · ZÜRICH · WIEN

Aus der Reihe: LebensWert

Titel der amerikanischen Originalausgabe:
R. Scott Hurd, Forgiveness. A Catholic Approach,
Pauline Books & Media, Boston 2011; © 2011, R. Scott Hurd

Übertragung aus dem Amerikanischen: Gudrun Griesmayr

R. Scott Hurd, der Autor dieses Buches, ist Priester der Erzdiözese Washington. Er hat an der Oxford-Universität und der Universität von Richmond studiert und begann seinen seelsorgerlichen Dienst als Geistlicher in der Episkopalkirche. 1996 trat er in die römisch-katholische Kirche ein. Hurd lebt mit seiner Frau und den drei Kindern in Virginia. Das vorliegende Buch ist Frucht zahlreicher Kurse zum Thema „Vergebung".

2012, 1. Auflage
© Alle Rechte bei Verlag Neue Stadt, München
Umschlaggestaltung unter Verwendung eines Fotos von Manuela Neukirch
Gestaltung und Satz: Neue-Stadt-Grafik
Druck: fgb – freiburger graphische betriebe, Freiburg i. Br.
ISBN 978-3-87996-954-8

Vorwort zur deutschsprachigen Ausgabe

Vergeben ist schwierig, sehr schwierig manchmal. Viele Menschen gehen es deshalb – mehr oder (meist) weniger bewusst – erst gar nicht an. Und doch lohnt es sich. Mehr noch: Es ist *notwendig*, denn nicht vergebene Verwundungen, erlittenes Unrecht usw. belasten die Seele und schaden oft auch dem Leib; die unvermeidlichen Verletzungen, die einem jeden widerfahren, wirken oft lange nach und können das Leben und die Lebensfreude enorm trüben.

Anhand vieler Beispiele verdeutlicht R. Scott Hurd, warum es sich lohnt, den Weg der Vergebung zu beschreiten. Vergeben hat eine befreiende, heilende Kraft; es tut nicht nur uns selbst und den anderen gut, sondern gehört zum menschlichen Reifungsprozess.

Vergeben, so Hurd, verlangt eine Entscheidung; es ist ein Prozess und letztlich ein Geschenk. Erzwingen lässt sich die Vergebung nicht. Man kann sich auch selbst keine Gewalt antun: Eine Reihe von Schritten sind zu durchlaufen; es braucht Geduld und – mit einem großen alten Wort gesagt: Gnade. Aus seiner Erfahrung in der seelsorgerischen Begleitung heraus geht der Autor behutsam auf mögliche Blockaden ein und zeigt eindrucksvoll, wie hilfreich der Glaube an die Liebe und Barmherzigkeit Gottes auf dem Weg der Vergebung sein kann. Sein Buch wirbt dafür, sich auf diesen Weg zu begeben, behutsam, Schritt für Schritt …

Verlag Neue Stadt

Inhalt

Warum vergeben?

1. NUR EIN SCHÖNER GEDANKE?

„Jedermann hält Vergebung für einen schönen Gedanken – bis er selbst einem anderen vergeben soll", schrieb einmal C. S. Lewis *(Pardon, ich bin Christ)*. Wie wahr das ist! Das Letzte, was einem spontan in den Sinn kommt, wenn man gekränkt wurde, ist wohl, dem anderen zu verzeihen. Eher ist man wütend: Wie käme ich dazu, dem anderen zu vergeben; der hat das doch gar nicht verdient! Womöglich meint er dann auch noch, er müsse nicht die Verantwortung für sein Fehlverhalten übernehmen …

Verletzungen tun weh, und angesichts dieses Schmerzes ist die Aufforderung zu vergeben eine Zumutung. Vielleicht ist man wiederholt verletzt worden und hat „die Nase voll" vom Verzeihen. Das ist eine durchaus verständliche Reaktion. Oft ist Verzeihen ein schwieriger, mühsamer Prozess. Er erfordert Demut und Kraft, ja Gnade. In seinem Groll zu verharren oder auf Rache zu sinnen scheint näher zu liegen, als nach Wegen zu suchen, wie wir die Sache hinter uns lassen und den Blick nach vorne richten können.

Man kann sogar zu dem Schluss kommen, dass Vergebung unmöglich ist oder schlicht dumm. Vielleicht hat man sich selbst davon überzeugt, dass bestimmte Dinge niemals vergeben werden können oder sollen. Bei einer Umfrage sagte jeder zweite, dass er einem bewaffneten Räuber, einem Vergewaltiger oder einem Mörder niemals vergeben würde. Da ist die Aufforderung zu vergeben alles andere als ein „schöner Gedanke": Sie ist etwas Ungeheuerliches!

Wie treffend das eingangs zitierte Wort von C. S. Lewis ist, stellte ich fest, als ich einige Leserkommentare zu einem Internetartikel von mir über das Thema Vergebung las. Da äußerten Menschen, die wiederholt verletzt worden waren, massive Einwände gegen den Gedanken an Vergebung. Einer meinte, wer von Vergebung spreche, sei „naiv" und habe „einfach nichts begriffen". Ein anderer schrieb, dass der Artikel ihm „Magenkrämpfe verursacht hat". Wieder ein anderer vertrat die Auffassung, nur wer selbst nie wirklich verletzt worden sei, könne von Vergebung sprechen; sonst wüsste er, dass allein Vergeltung den Schmerz lindern könne. „Je mehr Zeit vergeht, desto stärker wird der Gedanke an Rache", schloss eine Stellungnahme. Aus den verschiedenen Kommentaren ließ sich nicht ersehen, ob es sich bei den Verfassern um Christen handelte oder nicht. Auch engagierte Christen können gegenüber dem Gedanken an Vergebung „resistent" sein, wie ich zum Beispiel während eines von mir geleiteten Einkehrwochenendes erfahren habe. Die meisten Teilnehmer hatten sich angemeldet, bevor feststand, wer das Wochenende leiten und um welches Thema es sich handeln würde. Viele waren, so erzählten sie mir später, enttäuscht, als sie dann erfuhren, dass es um Vergebung ging. Manche wollten davon nichts wissen; das Thema sei zu „schwierig". Andere meinten, es betreffe sie nicht; *sie* hätten damit kein Problem.

Im Laufe des Wochenendes änderten die meisten Teilnehmer freilich ihre Meinung: Für viele entpuppte sich das Thema als Herausforderung, die meisten bekamen Anstöße, alle konnten etwas lernen. Es gab niemanden, dem nicht bewusst geworden wäre, dass auch er irgendetwas zu vergeben hatte. So mancher erkannte, dass er sich selbst vergeben musste. Falsche Vorstellungen von Vergebung kamen zum Vorschein; zum Beispiel wurde klar: Verzeihen ist nicht gleich vergessen; es bedeutet auch nicht zwangsläufig, dass man sich aussöhnt oder wieder verträgt. Manch einer musste sich eingestehen, dass er nicht wusste, wie Vergeben gehen soll und wo man ansetzen kann. Am Ende war allen Teilnehmern bewusst geworden, dass sie weiter an dem Thema arbeiten mussten. Und doch war niemand enttäuscht; alle waren dankbar.

Genau besehen, hat jeder von uns irgendeinem irgendetwas zu verzeihen: dem rücksichtslosen Autofahrer, der mir die Vorfahrt genommen hat; dem Freund, der mich im Stich gelassen hat; den Eltern, die mich womöglich vernachlässigt oder nicht genügend beachtet haben; Freunden, die nicht da waren, als ich sie am meisten brauchte; dem guten Bekannten, der mein Vertrauen missbraucht hat; dem Chef, der für meine Idee die Lorbeeren eingeheimst hat; dem Typen, der mich in der Schule schikaniert hat; dem unsensiblen Pfarrer, der mich zurechtgewiesen hat; der Firma, die den bezahlten Auftrag nicht zu Ende geführt hat; dem Lehrer, der mich vor der ganzen Klasse bloßgestellt hat. Vielleicht muss ich einem hinterhältigen Arbeitskollegen vergeben; dem Liebhaber, der mich benutzt hat; dem geschwätzigen Nachbarn; dem verlogenen oder korrupten Politiker; dem gierigen Geschäftsmann, der mir durch seine Entscheidungen Schaden zugefügt oder gar meine Existenz ruiniert hat; dem undankbaren Kind, das nie anruft; dem Rassisten oder sexistischen Fanatiker; der überkritischen Schwiegermutter; dem gewalttätigen Verbrecher; dem Kriegsgegner ... Die Aufzählung ließe sich beliebig fortsetzen.

Jeder ist wohl irgendwann einmal von jemand gekränkt worden. Verzeihen ist eine allgegenwärtige Herausforderung, und wenn wir Christen sind, dann sind wir nicht zuletzt durch unseren Glauben dazu angehalten. Was auch immer andere uns angetan haben! Wie oft auch immer sie uns das angetan haben! Selbst wenn sie es ablehnen, sich zu entschuldigen oder einzugestehen, dass sie etwas falsch gemacht haben. Selbst wenn wir sie niemals wiedersehen, und insbesondere, wenn wir ihnen wieder begegnen.

Wir tun es um unserer selbst willen.

Wir tun es für unsere Mitmenschen; gerade für diejenigen, die uns Leid zugefügt haben.

Und wir tun es um Gottes willen, um ihm die Ehre zu geben und der Welt seine Liebe zu offenbaren.

Vergebung gewähren ist eine Entscheidung, ein Prozess und ein Geschenk:

Vergeben ist die *Entscheidung*, jeden Wunsch nach Rache oder Vergeltung aufzugeben und uns freizumachen von Verbitterung und Groll, die das Herz beschweren.

Vergeben ist ein *Prozess*; denn es braucht Zeit, den Groll zu überwinden, und vielleicht muss man die Entscheidung, vergeben zu wollen, mehrmals aufs Neue treffen.

Schließlich ist Vergebung ein *Geschenk* der Liebe, das wir freiwillig gewähren, ohne etwas zu erwarten oder Grenzen zu setzen. Es geht nie darum, ob jemand dieses Geschenk verdient hat oder es wert ist. Vergebung ist gratis. Und wenn wir anderen aus Liebe verzeihen, dann wünschen wir ihnen Freude und nicht Leid; Wohlergehen und nichts Böses; den Himmel und nicht die Hölle.

Jesus kann uns immer den Weg zeigen – durch sein Beispiel und durch seine Lehre. Durch seinen Tod am Kreuz hat er uns die Vergebung geschenkt. Auch ihm ist Leid zugefügt worden, und noch als Auferstandener trägt er die Wundmale an Händen, Füßen und der Seite – bis heute. Er ist von einem Freund verraten worden und wurde von denen im Stich gelassen, die er so sehr liebte. Er wurde Opfer von Vorurteilen, Habgier, Selbstsucht und Feigheit. Selbst ohne Schuld, wurde er zum Tod verurteilt, gefoltert und hingerichtet. Und dieser Jesus, dem selbst schlimmstes Unrecht widerfuhr, ruft uns auf zu vergeben und gibt uns die Gnade, seinem Beipiel zu folgen. Er zeigt uns, dass Vergebung nicht nur möglich, sondern notwendig ist, wenn jemand ihm nachfolgen will. Vergeben ist alles andere als nur ein „schöner Gedanke": Es ist ein Erfordernis der Liebe. Mutter Teresa sagt ganz treffend: „Wenn wir wirklich lieben wollen, müssen wir lernen zu vergeben."

2. UM MEINER SELBST WILLEN VERGEBEN

Der Armeeveteran Dick Fiske hatte im Zweiten Weltkrieg den japanischen Angriff auf Pearl Harbor überlebt. Viele Jahre später wurde er mit blutenden Magengeschwüren ins Krankenhaus eingeliefert. Seine Überlebenschancen waren sehr gering. Aber er kam durch und wurde wieder gesund. Später erzählte er, was ihm im Krankenhaus widerfahren war:

Eines Tages war ein stämmiger Militärarzt, die Zigarre lässig im Mundwinkel, ins Krankenzimmer gekommen und hatte ihn gefragt: „Sergeant, was nagt an Ihnen?" Dann hatte er Fiske fest angeschaut, auf seinen Bauch gedeutet und gesagt: „Den kann ich kurieren, aber Ihren Kopf, den kann ich nicht heilen ... Ich habe mir Ihre Akte angeschaut. Auf wen haben Sie einen solchen Hass?"

Durch dieses Gespräch wurde dem geplagten Veteran bewusst, dass die Ursache seines Leidens der Hass war, der seit vielen Jahren an ihm nagte: der Hass auf seine Kriegsgegner, der Hass auf dieses schlimme Geschehen. Und dieser Hass war dabei, ihn buchstäblich innerlich aufzufressen. Wie heißt es doch in einer chinesischen Weisheit: „Wer nicht bereit ist zu vergeben, gräbt am besten zwei Gräber."

Es ist eine bittere Ironie des Schicksals, dass jemand, der nicht vergeben kann oder will, oft selbst Verletzungen davonträgt. Sergeant Dick Fiske musste diese harte Lektion lernen. Und er hat auch erfahren, dass der Akt des Vergebens die heilende Gnade Gottes in einem Menschen freisetzt. Er erzählt, dass er vor dem Militärarzt wie ein kleines Kind geheult habe; nachdem er eine Stunde mit ihm geredet hatte, sei eine Zentnerlast von ihm abgefallen und er habe wieder frei atmen können. In ihm begann ein Prozess der Vergebung – und langsam wich der Schmerz einem inneren Frieden.

Johannes Paul II. schrieb einmal: „Dank der heilenden Kraft der Liebe, die ihre erste Quelle in Gott hat, der die Liebe ist, kann die befreiende Erfahrung der Vergebung ... auch von einem verletzten Herzen erlebt werden" *(Botschaft zum XXX. Weltfriedenstag 1997)*.

Neuere wissenschaftliche Studien bestätigen die heilende Kraft der Vergebung: Menschen, die verzeihen können, leben im Durchschnitt länger und gesünder und sind froher. Bei einem Experiment wurden Herzfrequenz und Blutdruck von Erwachsenen gemessen, die an eine Person denken sollten, von der sie belogen, beleidigt oder abgelehnt worden waren. Dann sollten sie sich vorstellen, dieser Person entweder zu grollen oder aber ihr zu verzeihen. Der Test ergab, dass bei denen, die vergeben wollten, der Puls und der Blutdruck sanken; sie wirkten ruhiger und beherrschter. Die anderen hingegen, die der betreffenden Person weiterhin grollten, standen unter physischem Stress und empfanden stärker Zorn und Traurigkeit.

Andere Studien weisen darauf hin, dass es das Immunsystem schwächt, wenn wir nicht vergeben. Das Risiko einer Depression oder eines Herzinfarkts und anderer Erkrankungen und Beschwerden steigt offenbar. Selbst das Gedächtnis und die Fähigkeit, klar zu denken, würden in Mitleidenschaft gezogen.

Wenn es uns nicht gelingt zu verzeihen, kann das nicht nur unsere Gesundheit ruinieren, sondern auch unser Beziehungsgefüge. Manch einer zieht sich in sein Schneckenhaus zurück und hält andere Menschen auf Distanz, aus Angst vor neuen Verletzungen oder auch aus Misstrauen. Zu dem inneren Groll kommt die Einsamkeit hinzu. Doch lange ist niemand gern mit seinem Schmerz allein: Man klagt anderen sein Leid und seine Verbitterung. Das macht keine gute Stimmung … Wenn wir da hineingeraten, werden uns die anderen meiden – und wenn sie uns nicht ausweichen können, machen wir sie verrückt.

Zunehmend beherrscht das Leid uns; wir gehen immer mehr auf in dem, was uns zugefügt wurde, und definieren uns darüber. Für die anderen sind wir nur noch „die getäuschte Ehefrau", „das unbeachtete Kind", „der ungerecht behandelte Angestellte", kurz: das bemitleidenswerte Opfer. Einerseits mag uns das gefallen; denn in der Märtyrerrolle haben wir gewisse Sympathien auf unserer Seite. Vielleicht werden wir auch noch stolz, selbstgerecht und überheblich, weil wir uns der Person, die uns Unrecht getan hat, moralisch überlegen fühlen. Ja, womöglich finden wir Gefallen daran, *auf deren Kosten* gut dazustehen: Wir sind der „gute Kerl", der andere ist „der Böse". Und damit das allen klar ist, reden wir, wo immer es geht, schlecht über ihn.

Wenn wir dem anderen verzeihen, entledigen wir uns unserer (vermeintlichen!) Identität. Vielleicht haben wir Angst vor diesem Schritt, weil wir uns doch ganz gut in der Opferrolle gefallen haben. In diesem Fall sollten wir einen Moment innehalten und uns einmal aus der Distanz betrachten: Was ist eigentlich aus mir geworden? Bin ich wirklich so, wie ich sein will? Bin ich ein Mensch, mit dem die anderen gern zusammen sind? Wohl kaum … Und sicher sind wir nicht so, wie Gott uns gerne sähe. Er wünscht sich, dass wir glücklich sind: Jesus ist doch gekommen, damit wir das Leben haben – und es in Fülle haben. Wenn wir unfähig sind zu verzeihen, enthalten wir uns selbst die Fülle des Lebens vor, die Jesus mit uns teilen möchte.

Bedenken wir auch, was wir im Vaterunser beten: „Vergib uns unsere Schuld, wie auch wir vergeben unseren Schuldigern." Gottes Vergebung findet keinen Zugang zu einem unversöhnlichen Herzen. Ein Freund von mir, der Priester ist, sagte einmal nur halb im Scherz: „Wenn wir am Ende unseres Lebens Jesus von Angesicht zu Angesicht gegenüberstehen, wird er als unser ärgster Feind auftreten." – Wie kommt er darauf? Der „Feind" ist das Maß unserer Vergebung; in der Begegnung mit dem Herrn werden wir mit unserer eigenen Vergebungsbereitschaft konfrontiert …

Keine Frage: Beleidigt zu werden tut weh. Doch wenn wir nicht verzeihen, verschlimmern wir nur unser Leid; es ist, als würden wir Salz in die Wunde streuen. In einer feindseligen Haltung zu verharren verletzt uns selbst an Seele und Leib und schadet der Beziehung zu den anderen. Wir werden selbst unglücklich; wir machen andere unglücklich; wir weisen Gott ab. Einen Sergeant Dick Fiske hätte es fast das Leben gekostet.

Charles Dickens schrieb einmal, ohne die Bereitschaft, denen zu verzeihen, die uns verletzt haben, finde unser Leben schwerlich eine sinnvolle Fortsetzung. Doch genau das wünschen wir uns doch: ein sinnvolles Leben. Möchte nicht jeder *heil* werden? Wir möchten glücklich sein, von anderen gemocht, nicht bemitleidet – und Gott nahe. Deshalb ist Vergebung so wichtig!

3. Um der anderen willen vergeben

Über Jahrhunderte haben Hutu und Tutsi in Ostafrika friedlich nebeneinander existiert. 1994 kam es jedoch zu Gewaltexzessen zwischen den beiden Volksstämmen, denen 800 000 Menschen vor allem in Ruanda zum Opfer fielen. Frauen, Kinder und alte Menschen wurden auf brutale Weise ermordet; häufig waren Kindersoldaten die Täter. Das gesellschaftliche Gefüge war völlig zerstört.

Eine Überlebende dieser Tragödie ist Dativa Nyangezi Ngaboyisonga. Als die Gewalt auch ihr Viertel erreichte, flüchtete sie zusammen mit anderen in eine Kirche. Da nicht alle Platz fanden, ließ Dativa zwei Verwandten den Vortritt und blieb selbst draußen. Diese Entscheidung hat ihr das Leben gerettet: Die Angreifer konzentrierten sich auf die Kirche, beschossen das Gebäude und warfen Handgranaten durch die Fenster. Dativa konnte in den Dschungel fliehen, wurde aber später zusammen mit anderen Überlebenden, darunter einige aus ihrer Familie, von Soldaten aufgegriffen. Ihr Vater und eine Tante wurden vor ihren Augen gefoltert und dann umgebracht. In ihrer Verzweiflung betete sie zu Gott: „Wenn ich am Leben bleibe, tue ich alles, was du willst. Ich werde dir dienen und will versuchen, diese Menschen zu retten." Mit „diesen Menschen" meinte sie ihre Angreifer.

Dativa ist fest überzeugt, dass Gott ihr Gebet erhört hat. Sie hat ihr Versprechen gehalten. Nach dem Ende der Gewalt wurde Dativa von einer Ordensschwester gefragt, ob sie bereit sei, als Dolmetscherin für gefangene Kindersoldaten zu arbeiten. In dieser Funktion kümmerte sie sich um Hunderte junger Menschen, die sie später oft „Mama" nannten. Sie erzählte ihnen von Gottes Liebe und ermutigte sie, den Gegnern zu verzeihen. Schließlich kehrten die Kinder in ihre Familien zurück. Dativa bekam eine neue Aufgabe als Gefängnisaufseherin.

Sie hat ihren Angreifern und denen, die ihr Volk dem Hass und der Gewalt ausgeliefert hatten, vergeben. Sie tat das nicht nur für sich selbst, sondern auch für ihr eigenes Volk und für ihre Feinde. Sie sagte: „Es ist möglich, dass sie sich im Herzen ändern. Wir müssen die Gesellschaft neu aufbauen und versuchen, die Gewalt zu überwinden." Das Bemühen von Menschen wie Dativa hat sich ausgezahlt. Inzwischen gibt es in Ruanda ganze Dörfer, in denen die Familien von Mördern und Opfern wieder friedlich nebeneinander leben.

Wenn wir anderen verzeihen, kommt das nicht nur uns selbst zugute, sondern, wie das genannte Beispiel zeigt, auch den Menschen, denen wir vergeben. Bedenken wir nur, dass es manchmal jemandem schrecklich leid tut, was er uns angetan hat. Er wird von Schuldgefühlen geplagt und wünscht, er könnte das Rad zurückdrehen und die Sache ungeschehen machen. Wenn wir ihm vergeben, befreien wir ihn aus seinem Gefängnis von Reue und Beschämung. Haben wir eine persönliche Beziehung zu diesem Menschen, kann unser Verzeihen ihm Heilung und Hoffnung auf eine andere Zukunft schenken. Andernfalls lassen wir ihn in seinem Gefängnis – vielleicht gar vorsätzlich, um ihn zu strafen. Doch wenn wir ihm absichtlich den Frieden verweigern, nehmen wir ihn auch uns selbst!

Darunter leiden auch die Menschen, die uns nahestehen und mit uns leben. Wenn wir nicht vergeben, verbittern wir, werden zynisch und nachtragend. Wir verbreiten eine negative Atmosphäre. Unglück zieht Unglück an; das Zusammensein mit Menschen, die nur jammern, ist zum Jammern. Man meidet sie möglichst oder läuft Gefahr, sich anzustecken. Familienangehörige etwa, die nicht einfach ausweichen können, fangen sich diesen üblen „Virus" oft selber ein. Denn eine solche Trübseligkeit ist ansteckend und kann sich ausbreiten wie ein böses Geschwür. In seiner Botschaft zum Weltfriedenstag 2002 schrieb Johannes Paul II.: „Unter wie vielen Schmerzen leidet die Menschheit, weil sie sich nicht zu versöhnen weiß!"

Nicht zuletzt um unserer Familien willen ist es wichtig zu vergeben. Wenn es nicht gelingt, dem Ehepartner zu vergeben, dem Ex-Mann, dem Angehörigen oder Verwandten, dann kann der familiäre Zusammenhalt zerbrechen, oder es wird verhindert, dass die Familienmitglieder wieder zueinanderfinden. Man zwingt die anderen, „Partei zu ergreifen". Man redet schlecht über andere und hintertreibt Versöhnungsversuche. Man treibt einen Keil zwischen Menschen, die einander einmal sehr nahestanden. Feiertage und Familienfeste geben mehr Anlass zu Sorge und Angst statt zur Freude über das Zusammensein.

Kinder spüren die Spannungen; sie werden unruhig oder verschließen sich und ahmen unser schlechtes Beispiel nach.

Vor allem Kinder brauchen Vorbilder, die ihnen das Verzeihen vorleben, damit sie als Erwachsene fähig sind zu vergeben.

Vergeben geht nicht von selbst. Es muss gelernt werden, ebenso wie man Lieben lernen muss. Vor allem zu Hause will diese Haltung gelernt sein. Nicht von ungefähr nennt der *Katechismus der Katholischen Kirche* die Familie „die erste Schule des christlichen Lebens" (Nr. 1657), wozu auch das Vergeben-Lernen gehört.

Dies habe ich zusammen mit meiner Familie bei Einkehrtagen erlebt, die wir einige Male im Sommer gemacht haben. Ein Tag war jeweils dem Thema Vergebung gewidmet. Nach einer Einführung am Morgen schrieb jedes Familienmitglied jedem anderen aus der Familie einen Brief mit der Bitte um Vergebung für das, was man dem anderen in der Vergangenheit angetan hat. Am Abend wurden die Briefe im Rahmen einer besonderen Zeremonie ausgetauscht. Geschwister entschuldigten sich bei ihren Geschwistern. Eheleute baten einander um Vergebung, Kinder ihre Eltern, Eltern ihre Kinder. Manche umarmten sich unter Tränen. Es war eine sehr starke und lehrreiche Erfahrung.

Nicht nur Kinder müssen lernen, was es heißt zu verzeihen. Die Welt ist voll von Menschen, die nie Vergebung erfahren und nie gelernt haben, selbst zu vergeben. Manch einer hält, wie eingangs gesagt, Vergebung für sinnlos oder unmöglich. Als „Menschen der Vergebung" können wir das Gegenteil beweisen: Wir können zeigen, wie und warum man vergeben soll; wir können bezeugen, dass Vergebung nicht nur möglich, sondern überaus wichtig ist. Stellen wir uns einmal eine Welt vor, in der jeder dem anderen vergibt: Es wäre ein Stück Himmel auf Erden.

Doch die Realität sieht anders aus. Die Weltgeschichte zeigt, dass es unter den Menschen immer wieder Feindschaft, Hass, Vergeltung und Erbarmungslosigkeit gibt. Man könnte meinen, dass es in der Natur des Menschen liegt und unvermeidlich ist, solange wir auf der Erde leben. Aber wir *müssen* nicht dazu beitragen. Jesus lädt uns dazu ein, die Erde ein wenig menschlicher zu gestalten, indem wir immer wieder bereit sind zu vergeben und den Frieden fördern – für uns selbst, für die Menschen um uns, für die Menschheit. Jedes Mal, wenn wir verzeihen, leuchtet das Licht der Liebe Christi in einer oft dunklen Welt auf; jede Tat der Vergebung bezeugt, dass die Liebe stärker ist als der Hass.

4. Um Gottes willen vergeben

Der Lehrer schaut dem Kind, das intensiv beschäftigt ist, über die Schulter. „Was tust du?", fragt er. „Ich male ein Bild von Gott", antwortet der Schüler. Der Lehrer entgegnet: „Aber niemand weiß, wie Gott aussieht!" „Doch, wenn ich fertig bin!", erwidert der Junge mit einem verschmitzten Lächeln.

Wenn wir aufgefordert würden, ein Bild von Gott zu malen – wie sähe es aus? Würde unser Gott lächeln oder die Stirn runzeln? Ich stelle diese Frage, weil sich viele Menschen Gott griesgrämig und unzufrieden vorstellen. In ihren Köpfen ist Gott schnell beleidigt und wartet nur darauf, Fehlverhalten zu bestrafen. Ihr Glaubensleben ist mehr von Angst und Unsicherheit geprägt als von Hoffnung und Zuversicht. Auf ihrem Weg mit Gott bewegen sie sich „wie auf Eiern". Und die Beichte ist für sie eine Art „Zwangsvollstreckung", nicht aber eine Erfahrung freudiger Versöhnung.

Woher kommen solche Vorstellungen von Gott? Möglicherweise von den Eltern. Das Bild, das Kinder von Gott haben, ist zu einem großen Teil geprägt von dem, was die Eltern ihnen vermitteln. Wenn sie nicht mit Schlägen sparen, wird das Kind in dem Glauben aufwachsen, dass Gott

auch nicht anders ist. Wenn Eltern wenig Herz-
lichkeit vermitteln, Willkür an den Tag legen oder
häufig abwesend sind, spiegelt sich das oft im
Gottesbild der Kinder wider. Religiöse Erziehung
kann ein sehr schiefes Bild von Gott prägen. Wer
immer wieder gehört hat, dass wir sündigen
Menschen einem „strengen Gott" ausgeliefert
sind, der wird wohl einen zornigen Richtergott
vor Augen haben.

Doch auch harte, schmerzliche Erfahrungen
können unsere Vorstellung von Gott beeinflussen.
Die Frage „Warum lässt Gott das zu?" kann leicht
zur Anklage werden: „Was muss das für ein Gott
sein, der so etwas zulässt!" Wir können Angst davor haben, diesem „Gott" zu gehorchen. Wie soll
man einen Gott lieben, der nicht sehr liebevoll, ge-
schweige denn liebenswert zu sein scheint?

Gott will ganz sicher nicht, dass wir so von ihm
denken. Vielmehr glaube ich, dass ihm daran
liegt, Missverständnisse aus dem Weg zu räu-
men. Das war die Erfahrung von Johannes Bosco.
Als Kind träumte er einmal, so erzählte er später,
dass er auf einem Hof von lauter fluchenden, rau-
fenden Jungen umdrängt wurde. Er ging mit
Fäusten auf sie los, um sie zur Ruhe zu bringen –
vergeblich. Da stand plötzlich ein Mann neben
ihm, der in einen langen Mantel gehüllt war. Sein
Gesicht leuchtete, und er sagte: „Du wirst deine

Freunde nicht mit Schlägen gewinnen, sondern mit Milde und Güte." Johannes nahm sich diese Worte zu Herzen und kümmerte sich als Erwachsener um sozial schwache und vernachlässigte Kinder. Er gründete zwei Ordensgemeinschaften, die ihn unterstützten. Im Gegensatz zu den damals üblichen Erziehungsmethoden verbot er jede Form von körperlicher Züchtigung. Er betonte, wie wichtig es sei, heiter, liebenswürdig und gütig zu den Kindern zu sein. Das war seine Devise für den Umgang mit jungen Menschen; denn so mache es Jesus mit uns. Don Bosco schreibt: „Jesus behandelte Sünder mit Güte und Zuneigung, was manche schockierte, andere ärgerte und wieder andere mit Hoffnung auf Gottes Erbarmen erfüllte."

Wenn wir „vergebende Menschen" sind, können auch wir anderen die Hoffnung auf Gottes Barmherzigkeit vermitteln. Wir können dazu beitragen, dass sie ein klareres Bild von Gott bekommen, so wie Jesus ihn uns gezeigt hat. Don Bosco hat den jungen Menschen einen liebenden Gott nahebracht. Auch wir vermitteln anderen etwas vom Wesen Gottes, wenn wir anderen vergeben: Wir geben Zeugnis von einem verzeihenden und gnädigen Gott. Vergeben ist ein Akt der Evangelisierung, das heißt, eine Weise, anderen die Frohe Botschaft des Evangeliums zu verkünden.

Durch unser Vergeben machen wir anderen begreiflich, dass Gott es mit der Welt gut meint. Mehr noch: Wenn wir jemandem verzeihen, ist das für ihn wie ein Berührung durch die heilende Hand Gottes. Als Christen sind wir ja nicht einfach nur Jünger Christi, das heißt Menschen, die Jesus nachfolgen. Wir sind berufen, Kirche zu sein, „Leib Christi", eine Präsenz Christi in der Welt von heute. Dies kommt in einem Gebet zum Ausdruck, das Teresa von Avila zugeschrieben wird: „Christus hat jetzt keinen anderen Leib als deinen, keine anderen Hände als deine, keine anderen Füße als deine. Durch deine Augen will Christus voll Erbarmen auf die Welt schauen. Mit deinen Füßen will er umherziehen und Gutes tun. Mit deinen Händen will er jetzt segnen." Und wir könnten hinzufügen: Durch unser Herz möchte er sein Erbarmen verströmen.

Unser Vergeben kann nicht nur diejenigen zum Nachdenken bringen, die ein düsteres Gottesbild haben, sondern auch Menschen, die sich überhaupt nicht vorstellen können, dass es einen Gott gibt. Von Herzen vergeben, das kann zum Fingerzeig für den anderen werden und sein Herz Gott zuwenden. Dies kommt auch in der Karfreitagsfürbitte „für alle, die nicht an Gott glauben", zum Ausdruck. Da bitten wir Gott: *„Gib dich zu erkennen in den Beweisen deines Erbarmens und in den Ta-*

31

ten deiner Gläubigen, damit die Menschen trotz aller Hindernisse dich finden und als den wahren Gott und Vater bekennen."

Es gibt das Sprichwort: *Mich kennen heißt mich lieben.* Im Besonderen gilt das für Gott (vgl. 1 Johannes 4,8: „Wer nicht liebt, hat Gott nicht erkannt; denn Gott ist die Liebe."). So viele Menschen kennen Gott nicht. Entweder wissen sie nichts von ihm oder können sich nicht vorstellen, dass es ihn gibt; oder was sie von Gott zu wissen meinen, ist falsch. Gott möchte, dass auch sie ihn kennen und lieben; denn er kennt und liebt sie nicht weniger als die anderen, die um ihn und seine Liebe wissen. Von diesen möchte Gott, dass sie ihm die Möglichkeit geben, die zu lieben, die ihn nicht kennen – nicht zuletzt dadurch, dass sie verzeihen, wenn sie verletzt wurden. Auf diese Weise werden Gottes Vergebung und Liebe greifbar; mit dem *Katechismus der Katholischen Kirche* gesagt: „So nehmen die Worte des Herrn über die Vergebung, das heißt über diese Liebe, die bis zum Äußersten geht (vgl. Johannes 13,1), Leben an" *(Nr. 2843).*

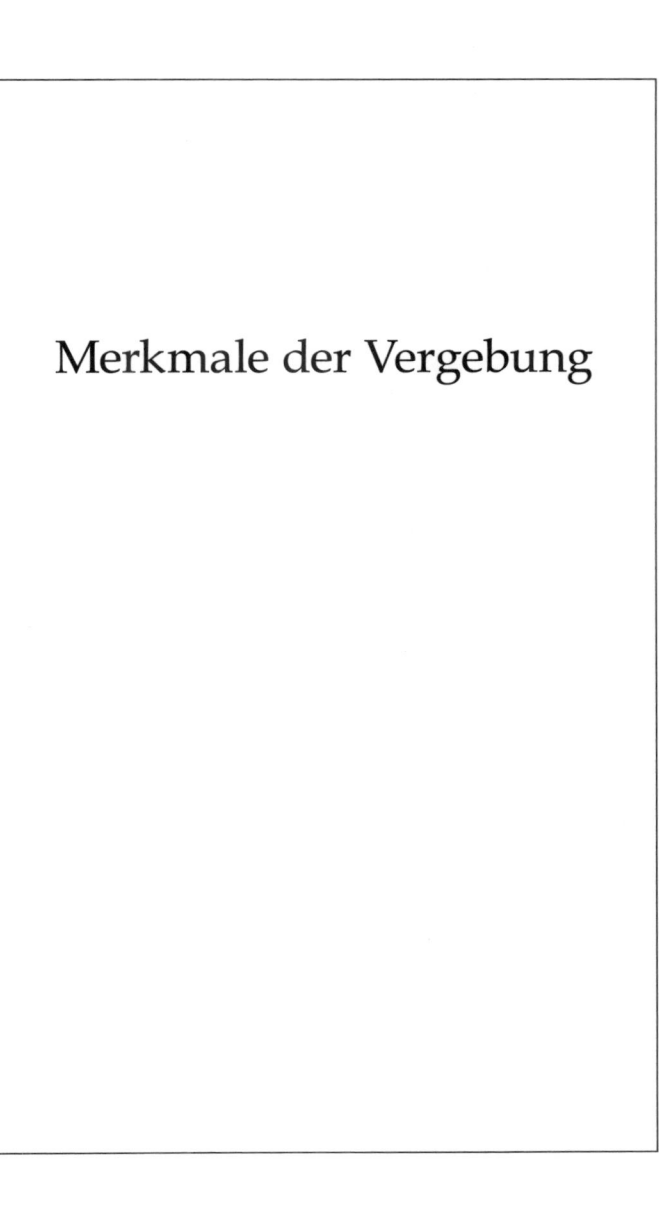

Merkmale der Vergebung

1. FAIR IST VERGEBUNG NICHT!

Ein Bekannter von mir schaute mit seinem Vater den Film „Im Wendekreis des Kreuzes" an. Er handelt von dem irischen Priester Hugh O'Flaherty, der im Vatikan tätig war und im Zweiten Weltkrieg Tausenden geholfen hat, vor den Nazis zu fliehen. Der Obersturmbannführer und Leiter der Gestapo in Rom, Herbert Kappler, versuchte vergeblich, den Priester ermorden zu lassen. Als Rom durch die Alliierten befreit war und Kappler in Gewahrsam genommen wurde, half O'Flaherty dessen Frau und Kindern und besuchte Kappler regelmäßig im Gefängnis. O'Flahertys Zeugnis christlicher Liebe bewog Kappler später dazu, sich taufen zu lassen.

Im Abspann des Films erschien ein Appell zur Vergebung. Der Vater meines Bekannten ging, als er die Worte las, an die Decke. Er hatte im Zweiten Weltkrieg als Soldat gegen die Nazis gekämpft und sich damals geschworen, ihnen unter keinen Umständen jemals zu verzeihen: Viel zu viel unermessliches Leid hatten sie anderen zugefügt, viel zu viele Verbrechen verübt. Es wäre falsch, ihnen zu vergeben, erklärte er, und unfair!

Dieser Kriegsveteran hat völlig recht: Es ist nicht „fair", wenn er den Nazis verzeiht. Doch Vergebung hat nichts mit Fairness zu tun. Der erste Impuls nach erlittenem Unrecht ist häufig, es dem anderen in irgendeiner Form heimzuzahlen. Man will, dass er am eigenen Leib spürt, was er angerichtet hat. Man denkt: Wenn er mir wehgetan hat, geschieht es ihm nur recht, wenn ich auch ihm wehtue. Das ist nur gerecht!

Strikte Gerechtigkeit ist fair, Vergebung hingegen nicht. Ich behaupte sogar, dass selbst Gott nicht fair ist – was zugegebenermaßen eigenartig klingt. Wie unfair ist oft das Leben: Gute Menschen erleiden Böses; schlechten Menschen geht es gut; die Reichen werden reicher und die Armen ärmer. Angesichts solcher Unfairness meinen wir, dass wenigstens Gott fair, gerecht sein müsse. Doch es besteht ein Unterschied zwischen dem, was Menschen unter Fairness oder Gerechtigkeit verstehen und der Gerechtigkeit Gottes.

Gerechtigkeit nach menschlichem Maßstab heißt: Jeder bekommt, was er verdient – „Auge für Auge!" Doch Menschen wie Martin Luther King und Mahatma Gandhi geben zu bedenken, dass diese Einstellung letztlich darauf hinausläuft, dass alle blind werden. Wir können dankbar sein, dass Gottes Gerechtigkeit anders ist. Paulus schreibt, die *Liebe* sei die Erfüllung des Gesetzes (Römer 13,10). Gottes Gerechtigkeit ist gleichbedeutend mit seiner Liebe, und Liebe meint Selbsthingabe zum Wohl des anderen. Liebe hat nichts damit zu tun, dass man bekommt, was man glaubt, verdient zu haben. Liebe beschränkt sich nicht auf das Bemühen, (vermeintlich) gerecht zu teilen: Wahre Liebe teilt aus, ohne darauf zu schauen, was es kostet.

Diese Liebe und göttliche Gerechtigkeit sollen wir als Christen denen schenken, die uns Unrecht getan haben. Doch allzu oft bleiben wir dahinter zurück, und das im Namen von Fairness und Gerechtigkeit. Wir verweigern Vergebung, weil wir meinen, das sei nicht gerecht. Oder wir beschränken das Maß unseres Verzeihens auf die Baseball-Regel: „Drei Fehlschläge, und du bist draußen!" Das aber würde bedeuten, Bedingungen zu stellen. Manchmal wünschen wir dem anderen sogar etwas Schlechtes, weil wir meinen, er habe es nicht anders verdient. All dies hat mit wirklicher Vergebung nichts zu tun.

Die Bibel erzählt die Geschichte von Jona, der von Gott beauftragt wurde, dem Volk in Ninive ein Strafgericht anzudrohen, damit es sich von seiner Schlechtigkeit abwende und zu Gott umkehre. Zuerst flieht Jona vor dem Auftrag Gottes. Doch das Schicksal holt ihn ein, und schließlich führt er den Auftrag Gottes aus und geht zu den Bewohnern von Ninive. Sie hören auf seine Worte und ändern ihren Lebenswandel. Und Gott verschont sie. Das erzürnt Jona. Denn er hätte sie lieber bestraft gesehen, weil sie es seiner Meinung nach verdient hatten. Also beklagt sich Jona bei Gott: „Ach, Herr, habe ich das nicht schon gesagt, als ich noch daheim war? Eben darum wollte ich ja nach Tarschisch fliehen; denn ich wusste, dass du ein gnädiger und barmherziger Gott bist, langmütig und reich an Huld, und dass deine Drohungen dich reuen" (Jona 4,2). Jona muss daran erinnert werden, dass in Gottes Liebe die Gerechtigkeit stets „gemildert" wird durch sein Erbarmen und dass Gott den Sünder liebt, obgleich er die Sünde hasst.

Vermutlich geht es uns manchmal wie Jona. Auch wir wollen erleben, dass die anderen bekommen, was sie verdienen. Wir wollen, dass strikte Gerechtigkeit geübt wird. Danken wir Gott, dass er *nicht* in diesem Sinne fair zu uns ist. Gott gibt uns nicht das, was wir verdienen. Gott ist barmherzig, er vergibt uns. Und er bittet uns, es ihm gleich zu tun, nicht im Namen der Fairness, sondern im Namen der Liebe.

Im Gleichnis vom unbarmherzigen Gläubiger (Matthäus 18,23–35) erzählt Jesus von einem Knecht, der hoch verschuldet war. Genau gesagt schuldete der Knecht seinem König „zehntausend Talente". Einem Talent entsprachen damals 6000 Denare, und ein Denar war der übliche Tageslohn eines Arbeiters. Die Schuld war also unbezahlbar, will Jesus sagen. Der König im Gleichnis „hatte Mitleid" mit seinem Knecht und erließ ihm die Schuld. Doch als der Knecht einen Mitknecht traf, der ihm 100 Denare schuldete (die beiden Summen im Gleichnis verhalten sich wie 50 Millionen zu 100), kannte er kein Erbarmen und ließ ihn ins Gefängnis werfen. Als der König davon erfuhr, war er empört: „Hättest nicht auch du mit jenem, der gemeinsam mit dir in meinem Dienst steht, Erbarmen haben müssen, so wie ich mit dir Erbarmen hatte?" (Matthäus 18,33).

Diese Worte richtet Jesus auch an uns. Er fordert uns auf, den anderen zu vergeben, weil er uns vergeben hat. Dass das nicht „fair" ist, weiß er. Das Leben war auch mit ihm nicht gerade fair: Obwohl er unschuldig war, wurde er verraten von Freunden und abgelehnt von Menschen, die er liebte; die Regierung und die religiösen Führer lehnten ihn ab; er wurde zum Tod verurteilt, gefoltert und hingerichtet. Die Wunden dieser Erfahrung trägt er, wie schon gesagt, noch immer an seinem Leib. Und doch verzeiht er weiter – und auch wir sollen es tun. Ein Schild, das bei einer Wegkapelle steht, erinnert daran: „Wir können aufhören, anderen zu vergeben, sobald Gott aufhört, uns zu vergeben."

2. Vergebung macht keine Ausnahmen

Nach den furchtbaren Terroranschlägen vom 11. September 2001 richtete ein bekannter amerikanischer Politiker folgende Warnung an die Terroristen: „Gott mag mit euch Erbarmen haben, wir nicht!" Diese Aussage spiegelt den Zorn und die Einstellung vieler Amerikaner in dieser schweren Zeit. Die Menschen wollten Rache und Vergeltung; Barmherzigkeit und Vergebung standen außer Diskussion.

Nicht selten ziehen wir selbst die Grenzen und entscheiden nach eigenem Gutdünken, wer ein Kandidat für Vergebung ist. Viele Menschen beharren darauf, dass sie niemals einem Gewaltverbrecher verzeihen würden. Ehemänner und Ehefrauen behaupten, dass sie niemals verzeihen könnten, wenn sie betrogen würden. In seinem Buch „Die Sonnenblume" *(Von Schuld und Vergebung)* fordert Simon Wiesenthal, Überlebender mehrerer Konzentrationslager, die Leserinnen und Leser auf zu überlegen, was sie tun würden, wenn sie – wie es ihm geschehen ist – von einem sterbenden SS-Mann um Vergebung gebeten würden. In Erwiderung darauf schrieb die Autorin Cynthia Ozick: „Vergeben ist herzlos. Es vergisst die Opfer, verwischt das Leid und den Tod, ertränkt die Vergangenheit. Dem Anschein nach ist Vergebung gütig, doch steinhart für den Hingemetzelten ... Schickt den SS-Mann ... zur Hölle" *(in: Time, 28.3.1999).*

Eine unversöhnliche Einstellung findet sich auch unter Christen. Der Franziskanerpater Jude Winkler, ein Freund von mir, erzählte einmal zur Veranschaulichung eine drastische Geschichte: Zwei Menschenschlangen bewegen sich Richtung Himmel. In der einen, längeren Reihe stehen größtenteils ehrbare Kirchgänger. Die zweite Reihe ist wesentlich kürzer und weist einige überraschende Gestalten auf: Dschingis Khan, Caligula, Idi Amin, Joseph Stalin und weitere gleichermaßen abstoßende Typen. Das eigentlich Schockierende jedoch ist, dass diese Reihe schneller vorankommt als die andere. Als die braven Kirchgänger in der anderen Reihe das sehen, beginnen sie zu murren und sich zu beschweren: „Wenn wir gewusst hätten, dass solche Kerle reinkommen, dann hätten auch wir uns mehr Spaß im Leben gegönnt." In dem Moment erscheint Jesus. „Es tut mir leid", antwortet er, „aber ich dachte, ihr hättet so gelebt, weil ihr mich liebt!? Wenn ihr mich wirklich lieben würdet, wäret ihr glücklich, dass ich auch diesen anderen Menschen vergeben habe." Und er schließt die Tür.

Diese schwer zu ertragende Geschichte will bewusst provozieren; es soll gewiss nicht behauptet werden, dass ein Hitler oder Stalin sicher im Himmel wären: Das ist allein Gottes Entscheidung. Was die Geschichte allerdings sagen will, ist, dass Christen entgegen dem Beispiel Jesu und der kirchlichen Lehre oft genug nicht aus Liebe handeln und unbarmherzig sind. Jesus bietet *jedem* Menschen seine Vergebung an, und er lädt uns dazu ein, es ihm – vielleicht nach einem längeren Prozess – gleich zu tun, ungeachtet dessen, was dieser Mensch getan haben mag, und sei es noch so böse. Der Dominikaner Peter Cameron schrieb einmal: „Christliche Vergebung erfolgt nicht nur gelegentlich und ist auch nicht fakultativ. Vergebung betrifft nicht bloß unbedeutende, erträgliche Verfehlungen, sondern vor allem die ganz großen. Darum bittet Jesus am Kreuz – auf dem Höhepunkt seiner Sendung – gerade für die Menschen um Vergebung, die ihn umbringen." Jesus ist nicht gekommen, um die Welt zu richten, sondern um sie zu retten (vgl. Johannes 12,47). Auch heute hält er Ausschau nach Sündern, denen er vergeben, die er heilen kann, so wie ein Hirt sein verlorenes Schaf suchen würde. Während seines Erdenlebens ist Jesus oft kritisiert worden, dass er sich mit Menschen abgegeben hat, die öffentlich als Sünder bezeichnet wurden. Es erstaunt nicht, dass viele solcher Sünder Jesu Jünger wurden – und bis heute werden.

Jesus setzt der Vergebung, die er uns anbietet, keine Grenzen oder Bedingungen. Damit gibt er uns ein Beispiel, wie auch wir an den anderen handeln sollen. Einmal hatten Mutter und Tochter ein hitziges Wortgefecht. An einem bestimmten Punkt entschuldigte sich die Tochter bei ihrer Mutter für das, was sie gesagt hatte und bat die Mutter um Vergebung. Die Mutter zögerte und schien unwillig. Das spürte die Tochter und sagte: „Jesus vergibt mir bestimmt, wenn ich ihn um Verzeihung bitte." Die Mutter blieb ungerührt und erwiderte: „Ich maße mir nicht an zu sagen, was Jesus tun würde oder nicht."

Es stimmt: Gottes Wege bleiben oftmals ein Geheimnis für uns. Seine Wege sind nicht unsere Wege, seine Gedanken sind nicht unsere Gedanken. Deshalb ist es klug, wenn wir uns nicht anmaßen zu sagen, was Jesus in einer bestimmten Situation tun oder lassen würde. Doch was die Vergebung betrifft, können wir *mit Gewissheit* sagen, dass Jesus sie gewährt. Jesus bietet zu jeder Zeit, an jedem Ort und jeder Person, selbst im Augenblick des Todes, seine Vergebung an. Ein Reim von William Camen (1551–1623) ruft das in Erinnerung; er beschreibt, wie ein Reiter in dem Moment, als er vom Pferd zu Tode stürzt, um Vergebung bittet und Gottes Barmherzigkeit erfährt:

Between the stirrup and the ground,
mercy I asked, mercy I found. –
„Zwischen Steigbügel und Erd'
erflehte ich Erbarmen, und es ward mir gewährt."

Diejenigen, die beharrlich sagen, dass sie niemals einem Mörder, Vergewaltiger oder bewaffnetem Räuber vergeben würden, meinen vielleicht in Wirklichkeit, dass sie einer solchen Person niemals vergeben *könnten*. Vielleicht empfinden wir auch so und schließen daraus, dass nur Heilige oder außergewöhnliche Menschen zu so radikaler Vergebung fähig sind – aber doch keine gewöhnlichen Menschen wie du und ich. „Einem Mörder, Terroristen, KZ-Aufseher vergeben? Ich wäre dazu niemals fähig." So ähnlich könnten wir denken. Jesus hingegen sagt uns: „Doch, das kannst du!" Er würde nicht darauf bestehen, dass wir solchen Menschen vergeben, wenn dies über unsere Kraft ginge; er legt es doch nicht darauf an, dass wir versagen!

C. S. Lewis schrieb einmal: „Christ sein heißt, das zu verzeihen, was unverzeihlich ist, weil Gott dir das vergeben hat, was an dir unentschuldbar ist." Mit anderen Worten, unsere Vergebung soll niemanden ausschließen. Schließlich vergibt auch Jesus uns uneingeschränkt; seine Liebe ist grenzenlos. Es mag Zeiten geben, in denen auch wir am liebsten sagen würden: „Gott mag dir vielleicht verzeihen, ich tue es nicht." Doch als Christen können wir sagen: „Weil Gott dir vergeben hat, will auch ich dir vergeben!"

3. Vergebung stellt keine Bedingungen

„Ihnen ist im Voraus vergeben: Öffnen Sie, um herauszufinden wie!" – so stand es auf einem Umschlag, den ich in meinem Briefkasten fand. Der Umschlag enthielt Werbung von einer Autoversicherung; auf einem nachempfundenen Nummernschild stand: „4 GIVN" (sprich: [for giw'n], Englisch für „[ist] vergeben"). „Keine Höherstufung nach Ihrem ersten Unfall – nicht ein Cent Rabattminderung!", hieß es in der Erklärung. Allerdings stand nicht dabei, was beim zweiten Unfall passieren würde. Vermutlich gäbe es dann keine erneute „Vergebung".

Beim Rabattschutz Grenzen zu setzen, mag für eine Versicherungsgesellschaft sinnvoll sein, beim zwischenmenschlichen Vergeben nicht. Doch oft handeln wir wie die Versicherung: Vielleicht sind wir gewillt, *eine* Beleidigung zu verzeihen und allenfalls noch die zweite. Aber dann halten wir es mit dem erwähnten Motto: „Drei Fehler und du bist draußen!"

45

Andere Male sind wir nur „unter der Voraussetzung, dass ..." bereit zu verzeihen. In seinem autobiografischen Buch „Juiced" gestand der amerikanische Baseballspieler Jose Canseco, über Jahre Dopingmittel genommen zu haben, und deckte auch weitere Spieler auf, darunter Rafael Palmeiro. Dessen Ruf war damit ruiniert. Er musste vor Gericht aussagen. Er bemerkte: „Wenn sich herausstellt, dass es gut war, dass Canseco dieses blöde Buch geschrieben hat, und falls er selbst kehrtmacht und ein positives Vorbild sein kann, werde ich ihm vergeben." Die Schlüsselwörter in Palmeiros Statement lauten „wenn" und „falls": Er war bereit zu vergeben – aber nur, wenn seine Bedingungen erfüllt sind.

Wir denken viel zu oft, dass man sich die Vergebung eines anderen verdienen muss. In diesem Zusammenhang eine kleine Anekdote: Der Ehemann kommt nach Hause und überreicht seiner Frau einen Blumenstrauß. Diese bedankt sich mit den Worten: „Also gut, was hast du angestellt?!" Sie argwöhnt sogleich, dass ihr Mann etwas ausgefressen hat und sich mit den Blumen ihre Vergebung „erkaufen" will.

Lässt Gott so mit sich handeln? Im Lukasevangelium wird von einer Frau berichtet, die weinend Jesu Füße mit kostbarem Öl salbt (vgl. Lukas 7,36–50). Daraufhin sagt Jesus zu ihr, dass ihre vielen Sünden vergeben sind. Hat sie ihn mit dem Öl also bestochen? Seinen Kritikern gegenüber stellt Jesus klar, dass der Frau aufgrund ihres Glaubens vergeben worden ist.

Echte Vergebung kann man sich ebenso wenig wie Liebe mit Geld oder durch Bestechung erkaufen; sonst könnte nur der, der bezahlen kann, auf Vergebung hoffen. Vergebung ist ein freies Geschenk. Gott weiß, dass es für uns unmöglich ist, den Preis für unsere Sünden zu zahlen. Glücklicherweise ist er kein Erpresser oder Kredithai: Er ist unser Vater und liebt uns. Sein Sohn Jesus hat uns „ausgelöst", indem er am Kreuz für uns gestorben ist. Aus dieser Perspektive betrachtet, hatte unsere Vergebung durchaus ihren Preis. Aber uns wurde sie gratis zuteil. Manchmal muss man sich das wieder neu bewusst machen; denn es scheint zu schön, um wahr zu sein.

Einmal kam eine ältere Frau, die vor einem riskanten chirurgischen Eingriff stand, zu mir zum Beichtgespräch. Als ich ihr im Namen Gottes die Lossprechung erteilte, konnte man sehen, wie sie das mit Freude und Frieden erfüllte. Doch beim Abschied sagte sie: „Herr Pfarrer, ich fühle mich, als würde ich Gottes Vergebung nicht verdienen." „Natürlich verdienen Sie sie nicht", antwortete ich, „keiner von uns verdient sie. Gottes Vergebung ist seine freie Gabe."

Vielleicht erzeugen diese Worte bei manchen Widerspruch: „Setzt Gott nicht auch Bedingungen, um seine Vergebung zu empfangen?" Immerhin hat Jesus uns aufgetragen zu beten: „Vergib uns unsere Schuld, wie auch wir vergeben unsern Schuldigern." Bedeutet das nicht: Gott vergibt uns nur, wenn wir anderen vergeben?! Man könnte meinen, Gott warte erstmal ab, wie wir es halten … Doch Gottes Liebe und Vergebung sind bedingungs-los. Er vergibt aus Gnade, und seine Gnade gewährt er stets aus freien Stücken und wem er will. Doch kann es sein, dass nicht jeder gewillt ist, sein Geschenk anzunehmen: Gott zwingt es uns nicht auf. Es ist immer „griffbereit" vor uns, aber wenn wir anderen nicht vergeben, verschließen wir unser Herz, und Gottes Vergebung findet keinen Eingang. Wenn wir uns weigern zu vergeben, weisen wir auch Gottes Vergebung ab. Aus diesem Grund heißt es in einem Franziskus zugeschriebenen Gebet: „Wer vergibt, dem wird vergeben."

Gott verlangt nicht, dass wir dafür bezahlen, wenn er uns vergibt. Er setzt kein Limit, wie oft uns vergeben wird. Seine Vergebung ist an keine Voraussetzungen geknüpft; es gibt nichts Kleingedrucktes (wie in einem Vertrag), keine Bedingungen zu erfüllen. Können wir dasselbe von uns sagen, wenn wir jemandem zu vergeben haben? Manchmal gewähren wir Vergebung wie eine Bank Kredite. Um ein Darlehen zu bekommen, muss man beweisen, dass man kreditwürdig ist. Dann wird die Höchstgrenze des Kredits festgesetzt. Wenn die Vereinbarung nicht eingehalten wird, wird der Kredit zurückgezogen. Und zum Schluss wird man bestraft. So ähnlich halten auch wir es oft: Wir schieben die Vergebung so lange hinaus, bis wir meinen, dass die Person, die uns gekränkt hat, sie verdient oder genügend Reue gezeigt hat. Manchmal halten wir uns mit dem Verzeihen zurück, weil wir den anderen auf diese Weise bestrafen möchten oder wollen, dass er sich schämt. Wir stellen Bedingungen, ziehen Grenzen, verlangen eine Entschuldigung. Und wenn wir dann wirklich Vergebung gewähren, tun wir es in der Erwartung, dass der andere sich ändert.

Jesus verhält sich anders. Er wartet nicht auf eine Entschuldigung; er hat auch nie von solchen Vorbedingungen gesprochen. Er verwehrt die Vergebung nicht, zögert sie nicht hinaus und setzt ihr keine Grenzen. Petrus fragt Jesus, wie oft man seinen Mitmenschen vergeben soll: „Siebenmal?" Jesus antwortet: „Siebenundsiebzigmal" (vgl. Matthäus 18,22). Das ist natürlich nicht wörtlich gemeint; wenn es die Obergrenze wäre, würden die meisten Ehen nicht halten! Und es würde bedeuten, dass wir mitzählen müssten; doch das will Jesus ganz sicher nicht!

Um zu verstehen, was er gemeint hat, müssen wir die jüdische Zahlensymbolik beachten: Die Zahl Sieben steht für Vollkommenheit. In der Bibel wird die Sieben oft mit Gott in Verbindung gebracht. Wenn Jesus sagt, wir sollen siebenundsiebzigmal verzeihen, dann will er unterstreichen, dass das Maß unserer Vergebung dem *Maß Gottes* gleichen soll, das heißt: großzügig, bedingungs-los, grenzen-los, ohne Zögern und – vor allem – aus freien Stücken und umsonst. Das ist echtes Vergeben; es ist, wie schon das Wort anzeigt, eine Gabe, ein Geschenk: Ver-geben.

4. Vergeben ist nicht gleich vergessen

Forgive and forget! – „Vergib und vergiss!" lautet ein geflügeltes Wort.

Manche meinen, es handle sich um eine biblische Formulierung. In der Heiligen Schrift steht zwar vieles über Vergebung, doch nichts darüber, dass Menschen, die vergeben, auch vergessen müssen. Die Formel wurde 1605 in William Shakespeares Drama *König Lear* und etwa zeitgleich von Miguel de Cervantes im Roman *Don Quixote* den jeweiligen Helden in die Münder gelegt. –

Etwa 600 vor Christus wurde die Formel bereits von Aesop (*Landmann und Schlange*) und ebenfalls praktisch zeitgleich von Jeremia (31,34) verwendet.

„Vergib und vergiss" klingt nobel, ist aber unrealistisch. Wenn wir es versuchen, werden wir so wenig Erfolg haben wie Don Quixote bei seinem Kampf gegen die Windmühlen. Das Gedächtnis ist keine Computerfestplatte, die man komplett löschen kann; unser Verstand wurde nicht mit einer Löschtaste ausgestattet. Wenn uns Unrecht geschehen ist, insbesondere wenn es sich um etwas Schwerwiegendes handelt, ist es unwahrscheinlich, dass wir das damit verbundene Trauma jemals vergessen!

Eigentlich sollten wir das Unrecht auch gar nicht völlig vergessen. Die Erinnerung daran kann uns davor bewahren, erneut in eine ähnliche Situation zu stolpern, oder dafür sorgen, dass wir einem Menschen, der uns gefährlich werden kann, aus dem Weg gehen. Wer aus den Fehlern der Vergangenheit nichts gelernt hat und sie vergisst, wird dieselben Fehler wieder begehen, sagt man.

Dennoch herrscht gemeinhin die Meinung, man habe erst wirklich vergeben, wenn man auch vergessen habe. Man müht sich ab und macht sich selbst fertig, wenn man merkt, dass man es nicht schafft; man fühlt sich als Versager und schämt sich. Vielleicht ist es möglich, kleine Verletzungen zu vergessen. Viele Erinnerungen verblassen mit der Zeit. Doch wenn wir versuchen, etwas Schwerwiegendes zu verzeihen und zu *vergessen*, ist die Enttäuschung vorprogrammiert: Es geht nicht. Der *Katechismus der Katholischen Kirche* sagt dazu: „Es liegt nicht in unserer Macht, eine Schuld nicht mehr zu spüren und so zu vergessen" *(Nr. 2843)*. Vielleicht gelingt es, eine schmerzliche Erinnerung für eine Weile zu unterdrücken, doch damit ist das Problem nicht gelöst: Unterdrückte Erinnerungen gären weiter und kommen immer wieder hoch.

In bestimmten Zeiten ist es äußerst wichtig, sich an das zu erinnern, was einem zugestoßen ist. Natürlich bedeutet das nicht, jede Beleidigung „mitzuzählen"; die Liebe „trägt das Böse nicht nach", schreibt Paulus im Hohenlied der Liebe (1 Korinther 13,5). Doch leider geschieht oft genau das. Wir „benutzen" diese Erinnerungen, um in einem Streit unseren Zorn zu rechtfertigen. Paartherapeuten sprechen von *kitchen sinking*: Statt sich auf die vorliegende Angelegenheit zu konzentrieren, holt man Ereignisse aus der Vergangenheit hervor, um den anderen herabzusetzen. Man wirft sich gegenseitig alte Verletzungen an den Kopf. Dies geschieht nicht etwa in der Absicht, das Problem zu lösen; vielmehr will man den anderen fertigmachen. Das ist kein „fairer Streit". Es deckt nur auf, dass man nicht vergessen hat, und offenbart vor allem, dass man noch vergeben muss.

Wenn wir an unseren Verletzungen festhalten, schweben sie wie ein Damoklesschwert über dem anderen. Damokles war der Sage nach ein Günstling des Tyrannen Dionysios von Syrakus (4. Jh. v. Chr.). Er beneidete den Herrscher um dessen Macht und Reichtum und scheinbar sorgenfreies Leben. Daraufhin bot Dionysios ihm an, einen Tag mit ihm die Rollen zu tauschen. Als Damokles beim Festmahl über seinem Kopf ein Schwert hängen sah, das nur an einem einzelnen Pferdehaar befestigt war und jederzeit auf ihn herabfallen konnte, begriff er, wie gefährdet das Leben ist und dass Macht und Reichtum keinen Schutz bieten.

Wenn wir anderen Menschen die Vergebung versagen, hängen wir sozusagen ein Damoklesschwert über sie. Ein kleiner Fehltritt ihrerseits – der Faden reißt und das Schwert des Zornes stürzt herab. Die anderen leben in Angst vor unserer Wut. Zwar ist verständlich, dass wir das Unrecht nicht vergessen haben. Aber die Erinnerung daran gebrauchen wir wie eine Waffe.

Vergeben heißt nicht, vergessen müssen. Wohl aber gilt es, besagte Angelegenheit freizugeben, hinter sich zu lassen, sie sich nicht ständig neu zum Problem zu machen. Wenn man verzeihen kann, haben Groll und Bitterkeit nicht mehr die Oberhand; man verlangt nicht länger nach Rache. Man behält die Begebenheit nicht wie einen Trumpf im Ärmel, den man bei passender Gelegenheit wieder hervorholt. Man verwendet die Erinnerung nicht, um zu manipulieren. Die Sache ist geschehen. Sie ist vorbei. Nicht vergessen, aber vergeben.

Die französische Ordensfrau Margareta Maria Alacoque (17. Jh.) vertraute ihrem Beichtvater Claude de la Coumbière eines Tages an, dass sie Visionen des Heiligsten Herzens Jesu habe. Claude war skeptisch und trug Margareta auf, Jesus zu fragen, wenn er sich ihr erneut zeige, was Claude beim letzten Mal gebeichtet hat. „Ich habe es vergessen", sei die Antwort Jesu gewesen, berichtete sie später. Natürlich ist es nicht wirklich möglich, dass der Sohn Gottes unsere Sünden vergisst. Er weiß alles. Aber er zieht einen Schlussstrich. Wenn er vergibt, ist es, als würde er auch vergessen; denn er hält uns unsere Sünden nicht länger vor. Sie sind vergangen, und das bleiben sie auch.

Management-„Gurus" betonen, dass es kein geschäftliches Erfolgsrezept ist, wenn man in der Vergangenheit steckenbleibt. Nur wer nach vorne blickt, hat Erfolg. Das betrifft auch die zwischenmenschlichen Beziehungen und das geistliche Leben. Wenn wir uns bei längst Vergangenem aufhalten und alte Wunden pflegen, verbittern wir und verletzen andere. Dies ist ein Grund, weshalb Jesus in anderem Zusammenhang darauf hinweist, dass keiner, der die Hand an den Pflug gelegt hat und nochmals zurückblickt, für das Reich Gottes taugt (vgl. Lukas 9,62). Jesus weiß, dass es unsere Fähigkeit übersteigt zu vergessen, was wir verziehen haben; aber er ruft uns dazu auf, es loszulassen. Dann schauen wir nicht verbittert zurück, sondern richten unseren Blick vertrauensvoll nach vorn.

5. VERGEBEN HEISST NICHT, SICH AUSNUTZEN ZU LASSEN

Vor einigen Jahren hielt ich in einer Kirchengemeinde eine Vortragsreihe über Vergebung. An einem Abend sprach ich darüber, dass Jesus gelehrt hat, den Mitmenschen „siebenundsiebzigmal" zu verzeihen. Anschließend meldete sich eine Frau zu Wort. Sie äußerte die Sorge, ob ein Mensch nicht anfällig für Missbrauch werde, wenn er die Lehre Jesu befolge. Wenn man einem Menschen verzeihe, der einen wiederholt verletzt, lade man ihn doch dazu ein, es erneut zu tun. Ihre Frage ließ mich vermuten, dass sie oder ein ihr nahestehender Mensch womöglich Opfer häuslicher Gewalt geworden war.

Ich war dankbar, dass sie ihre Sorge vor allen aussprechen konnte. Häusliche Gewalt, auch Gewalt in der Ehe sind in unserer Gesellschaft verbreitet. Dabei geht es nicht nur um körperliche Übergriffe, sondern auch um sexuelle, seelische und verbale Misshandlungen sowie um wirtschaftliche Abhängigkeiten. Das typische Verhaltensmuster eines Mannes (manchmal einer Frau), der häusliche Gewalt verübt, ist, dass er um Verzeihung bittet und verspricht, sich zu bessern. Seine Ehefrau vergibt ihm, doch später begeht er erneut einen Akt der Gewalt. Dieser ständige Kreislauf von Verzeihen und erneutem Missbrauch kann sich über einen langen Zeitraum erstrecken. Ist das Opfer Christin, meint sie vielleicht, dass sie bei ihrem Ehemann, der sie misshandelt, aushalten müsse. Denn wenn sie ihn verlässt, glaubt sie vielleicht, ihr Eheversprechen zu brechen. Sie könnte die Schuld bei sich suchen und sich vor Gott schuldig fühlen. Vielleicht deutet sie ihr Leiden auch als Teilhabe an Jesu Leiden, in der Meinung, Lieben heiße für sie als Christin, ihr Leid zu ertragen ... In solchen Situationen brauchen wir eine große Klarheit. Gewiss: Jesus freut sich, wenn wir großzügig sind im Verzeihen. *Aber ganz sicher will er nicht,* dass wir uns ausnutzen und auf uns herumtrampeln lassen. Christsein ist auch Kreuzesnachfolge, gewiss; und manchmal bringt das Leben Leid mit sich, das es zu tragen gilt. Aber *unnötig* zu leiden wie im Fall von häuslicher Gewalt, das gehört nicht dazu! Jesus selbst hat sich nicht unnötig Leid ausgesetzt. In bestimmten Momenten hat er sich zurückgezogen, um der gegen ihn gerichteten Gewalt aus dem Weg zu gehen oder um nicht für einen falschen Zweck missbraucht zu werden. Seine Eltern mussten nach seiner Geburt mit ihm nach Ägypten fliehen, um ihn vor den mordenden Soldaten des Herodes in Sicherheit zu bringen. In den Evangelien kann man lesen, dass Menschen ihn steinigen oder eine Klippe hinunterstützen wollten. Doch Jesus entzog sich ihrer Gewalt. Er hat bestimmte Orte gemieden, wo man ihm feindlich gesinnt war. Seinen Jüngern hat er gesagt, sie sollen den Staub von ihren Füßen schütteln und woanders hingehen, wenn sie mit ihrer Predigt in einer Stadt abgelehnt werden. Jesus hat sich mehrfach zurückgezogen, um gefährlichen Situationen zu entgehen.

Natürlich musste er leiden, aber das nahm er auf sich, um seiner Sendung treu zu bleiben und den Willen seines Vaters zu erfüllen. Als Jesus mit seinen Jüngern auf dem Weg nach Jerusalem war, erklärte er ihnen, dass er leiden müsse, um das

Werk zu Ende zu führen, das der Vater ihm aufgetragen hat; dass er sterben müsse, aber aufterste-
hen werde, damit wir die Vergebung der Sünden
hätten. Das werde zur rechten Zeit am rechten Ort
geschehen – in Jerusalem. „Doch heute und morgen und am folgenden Tag muss ich weiterwan-
dern" (Lukas 13,33), fuhr er fort. Solange seine
„Stunde" nicht gekommen war, in der sich seine
Sendung erfüllen sollte, ging er allem Unbill aus
dem Weg, das ihn hätte treffen können.

Das Beispiel Jesu zeigt, dass ein Unterschied besteht zwischen unvermeidbarem und überflüssi-
gem Leid. Unerlässlich ist die Bereitschaft, das
Leid zu tragen, das sich aus der Hinwendung zu
unseren Mitmenschen ergibt, die Hilfe brauchen,
oder das uns als Menschen reifen lässt, um uns so
zu verwirklichen, wie Gott uns erdacht hat. Unnötig aber ist jenes Leiden, bei dem wir Opfer der
Krankheit oder Sünde anderer sind. Man sagt,
Liebe ohne Leid sei sentimental, doch nicht jedes
Leid ist vereinbar mit Liebe.

Es gibt Zeiten, in denen Christusnachfolge bedeuten kann, eine schmerzliche Situation, die un-
nötiges Leid bereiten würde, zu meiden oder zu
beenden. Schließlich hat Jesus auch gesagt, wir
sollen unseren Nächsten lieben wie uns selbst.
Ein Verhältnis aufgeben, durch das wir nur ver-

letzt werden, ist ein Ausdruck gesunder Selbstliebe. Es ist nur in Ordnung, jemandem „Nein!" zu sagen, der uns Leid zufügen würde. Je nach den Umständen müssen wir einen Schlusstrich ziehen; es kann nötig sein, ein Machtwort zu sprechen, vor der betreffenden Person zu warnen, die Stelle zu wechseln, von zu Hause auszuziehen, Distanz zu suchen, sich selbst oder andere zu verteidigen, eine Beziehung zu beenden.

Die Liebe kann auch erfordern, dass wir uns selbst schützen oder verteidigen. Vergebung schließt nicht aus, das Verhalten derer zu hinterfragen, die uns etwas zuleide tun. Zu unserem eigenen Wohl (ganz zu schweigen vom Wohl anderer!) muss schädigendes Verhalten angesprochen werden.

Und doch unterlassen wir es manchmal, für uns selbst einzutreten, weil es leichter ist, „die Dinge laufen zu lassen". Um des lieben Friedens willen wollen wir keinen Ärger verursachen. Doch das Ergebnis ist kein Frieden, sondern Groll, verletzte Gefühle, gebrochene Herzen, Gewissensbisse, Kopfschmerzen oder Magengeschwüre. Manchmal müssen wir tätig werden und dürfen nicht einfach alles laufen lassen!

Es stimmt, dass Jesus gesagt hat: „Wenn dich einer auf die rechte Wange schlägt, dann halt ihm auch die andere hin" (Matthäus 5,39). Doch gemeint hat er damit, dass man keine Vergeltung üben solle. Selbstverteidigung hingegen ist erlaubt und manchmal notwendig. Sie geschieht nicht in der Absicht, jemand anders zu verletzen, sondern uns selbst vor Verletzung zu schützen.

Den Menschen, die uns Leid zugefügt haben, sollen wir, wie oben ausgeführt, vergeben: das ja! Doch es kann sein, *dass sie unser Vertrauen nicht mehr verdienen*. „Ich verzeihe dir" ist nicht dasselbe wie „Ist schon in Ordnung", „Kein Problem!" oder „... war halb so schlimm"! Es ist nicht *nichts*, wenn wir verletzt wurden. Es ist *nicht* in Ordnung. Wenn wir dennoch verzeihen, leugnen wir damit keineswegs den Schmerz, der uns zugefügt wurde. Vergeben heißt nicht, stillschweigend zu ertragen, was man uns angetan hat, oder so tun, als sei nichts geschehen. Wenn wir verzeihen, sprechen wir den anderen damit nicht frei. Er ist weiterhin verantwortlich für sein Tun und muss darüber Rechenschaft ablegen. Johannes Paul II. hat seinem Attentäter Mehmed Ali Agca vergeben. Trotzdem blieb dieser im Gefängnis. Gewaltverbrecher dürfen nicht frei herumlaufen; sie sind zu gefährlich. In vergleichbarer Weise können auch unehrliche, unruhestiftende Menschen unter Umständen nicht ihren Arbeitsplatz behalten. Man darf ihnen nicht trauen. Aber man kann ihnen verzeihen.

Immer wieder hört man, Vergebung sei etwas für Feiglinge, für Menschen, die nicht die Kraft oder den Mut haben, sich selbst zu verteidigen. Jesus zeigt uns etwas anderes. Von Mahatma Gandhi stammt das Wort: „Der Schwache kann nicht verzeihen. Verzeihen ist eine Eigenschaft des Starken."

6. EIN KUSS – UND ALLES IST GUT?

In seiner Heimat Sizilien wird der katholische Priester Giuseppe Puglisi als Held verehrt. In einer Region, in der die Mafia das Sagen hat, hat er mutig seinen Dienst versehen; bald kam er selbst ins Visier der Mafia. 1993 wurde er von einem Berufskiller vor seiner Haustür erschossen. Die römisch-katholische Kirche hat ein Verfahren zu seiner Seligsprechung eingeleitet.

Das Dorf, in dem Puglisi arbeitete, hat wenig mehr als 1000 Einwohner, verzeichnet aber bereits 15 Morde, die auf das Konto der Mafia gehen. Puglisi stellte sich der Situation offensiv, indem er jede einzelne Familie besuchte und dafür warb, den Feinden zu vergeben.

Dank seinen Bemühungen war eine Frau bereit, der Mutter des Mörders ihres Sohnes zu verzeihen. Unter großen Schwierigkeiten gelang es dem

Priester, eine Begegnung zwischen den beiden Frauen zu arrangieren. Die beiden Frauen versöhnten sich miteinander – ein Beispiel dafür, wie inmitten einer gespaltenen und von Gewalt geprägten Dorfgemeinschaft zerbrochene Beziehungen heilen können.

Wirkliche Versöhnung kann geschehen, wenn zuvor Vergebung gewährt wurde. Gott wurde Mensch in Jesus Christus, damit wir mit ihm versöhnt würden: „Ver-söhn-ung" heißt, dass wir durch Jesus, Gottes Sohn, Söhne und Töchter Gottes wurden.

Allerdings führt Vergebung keineswegs immer zur Versöhnung. Manchmal ist Versöhnung einfach nicht möglich: Vielleicht ist die Person, der wir verziehen haben, inzwischen verstorben, oder wir sehen sie aus irgendeinem Grund niemals wieder. Manchmal ist es nicht einmal ratsam, sich mit jemand zu versöhnen, auch wenn man ihm vergeben hat: Wenn uns der Kontakt schaden kann, tun wir gut daran, diese Person zu meiden. Jesus ruft uns dazu auf, die Feinde zu lieben, und zur Feindesliebe gehört auch die Vergebung. Trotzdem kann es zuweilen das Beste sein, einem Feind oder einer anderen Person, mit der man sich schwertut, aus dem Weg zu gehen: Man kann einem Menschen, dem man besser nicht zu nahe kommt, auch aus der Ferne vergeben.

In anderen Fällen hingegen sollten wir keine Mühe scheuen, uns auch mit ihnen zu versöhnen: bei Menschen aus unserem unmittelbaren Umfeld, die – so könnte man sagen – Teil unseres primären Beziehungsgeflechts sind. Da wären die Vergebung und ein Neuanfang nicht „komplett", wenn wir uns nicht auch um eine Aussöhnung bemühten. Jesus hat gesagt: „Wenn du deine Opfergabe zum Altar bringst und dir dabei einfällt, dass dein Bruder etwas gegen dich hat, so lass deine Gabe dort vor dem Altar liegen; geh und versöhne dich zuerst mit deinem Bruder, dann komm und opfere deine Gabe" (Matthäus 5,23f). Jesus (bzw. der Evangelist) hat hier zunächst die Jüngergemeinde im Blick, die sich als „Bruderschaft" bzw. Gemeinschaft von Brüdern und Schwestern verstehen soll. Wir können dieses Wort aber auch auf all die Menschen beziehen, die zu unserem engsten Umfeld gehören: Sie sind Teil unseres Lebens, was auch immer geschieht. Da können wir uns nicht mit dem Gedanken zufriedengeben, ihnen vergeben zu haben; wir müssen danach trachten, uns wirklich auszusöhnen, denn sonst bliebe zwischen uns stets eine gewisse Distanz und Verlegenheit, es herrschte mehr oder weniger „Funkstille".

Jesus hat nach seiner Auferstehung alles daran gesetzt, dass es zwischen ihm und Petrus zur

Versöhnung kam (vgl. Johannes 21,15–19). Es geschah am frühen Morgen am Ufer des Sees von Tiberias. Die Jünger hatten die ganze Nacht gefischt. Als Petrus Jesus am Ufer sah, sprang er ins Wasser und schwamm, so schnell er konnte, an Land. Jesus stand bei einem Kohlenfeuer. Zuletzt hatte Petrus an einem Kohlenfeuer gestanden; das war im Hof des hohepriesterlichen Palastes gewesen, während Jesus vom Hohen Rat verhört wurde. Dort hatte Petrus dreimal vor anderen geleugnet, Jesus zu kennen. Als dann ein Hahn krähte, erinnerte sich Petrus, dass Jesus ihm genau das vorausgesagt hatte, und er weinte bitterlich. An diesem Ostermorgen nun stellte Jesus Petrus dreimal die Frage, ob er ihn liebe, und dreimal antwortete Petrus mit Ja. Dies war der Durchbruch zu einer wunderbaren Versöhnung.

Dass Jesus lebt, hat Petrus gewiss mit großer Freude erfüllt. Aber man kann sich auch vorstellen, wie sehr er sich für seine Tat geschämt hat, als er den Freund, den er verleugnet hatte, wiedersah. Damals im Hof hatte Jesus ihn angeschaut, und Petrus war untröstlich gewesen. Konnte er es jetzt wagen, Jesus in die Augen zu schauen? Vielleicht kam Petrus diese Szene wieder in den Sinn … Doch als sich Jesus am See von Tiberias Petrus liebevoll zuwendet, ist alle Last von ihm genommen: Ihre Beziehung ist geheilt.

Jesus fordert uns auf, Versöhnung zu suchen, wann immer das Verhältnis zu einer Person aus unserem engsten Beziehungsgeflecht verletzt oder zerrüttet ist, so wie er es Petrus gegenüber getan hat.

Auch Eheleute sollten sich darum bemühen – schließlich sind sie von Gott gerufen, „ein Fleisch" zu sein. Ebenso Eltern und Kinder, auch wenn diese erwachsen sind. Das vierte Gebot besagt, dass wir Vater und Mutter ehren sollen. Desgleichen sollten auch Eltern ihre Kinder ehren.

Das Neue Testament unterstreicht, dass die Einheit unter den Jüngern Christi, die Einheit innerhalb der Gemeinschaft der Gläubigen von höchster Wichtigkeit ist. In der Nacht vor seinem Tod hat Jesus zum Vater darum gebetet, dass sie „eins seien, wie du, Vater, in mir und ich in dir" (Johannes 17,21).

Wenn es um Versöhnung geht, sollten wir nicht warten, bis es zu spät ist. Ich kannte eine Frau, die sich weigerte, sich mit ihrem Sohn zu versöhnen, der sich ihr entfremdet hatte. Zwar behauptete sie, ihm verziehen zu haben, aber sie war immer noch zornig und zu stolz, ihm die Hand zu reichen. Als sie im Sterben lag, kam es Gott sei Dank zu einer langen Aussprache zwischen ihr und ihrem Sohn; sie verziehen einander von Herzen und umarmten sich. Die Frau starb in großem

Frieden – wie sie ihn in all den Jahren nicht gehabt hatte. Vielen anderen gelingt dies nicht. Lassen wir es nicht so weit kommen, dass wir erst am Grab jemandem Abbitte leisten, der nicht mehr antworten kann!

Gewiss, es ist ein Risiko, die Versöhnung zu suchen. Bei Familienfehden etwa ergreifen manche Partei für die eine oder die andere Seite. Wenn wir uns bemühen, den Zwist zu heilen, kann es uns als „falsches Nachgeben" oder „Verrat" ausgelegt werden. Vielleicht wirft man uns vor: „Wie kannst du überhaupt mit dem reden nach allem, was er uns angetan hat?!" Nicht von ungefähr heißt es: „Keine gute Tat bleibt ungestraft!" Wenn es uns so ergeht, befinden wir uns in guter Gesellschaft: Jesus wurde bestraft, weil er Gutes getan hatte. Aber das hat er auf sich genommen, um uns mit sich zu versöhnen.

7. NICHTS IST UNMÖGLICH

Während der Besetzung der Niederlande durch das nationalsozialistische Deutschland im Zweiten Weltkrieg arbeiteten Corrie ten Boom und ihre Familie im Untergrund, um jüdische Familien vor dem Zugriff der Nazis zu verstecken. Doch dann wurden die ten Booms verraten und kamen ins Gefängnis, wo der Vater starb. Corrie und ihre Schwester wurden ins Konzentrationslager deportiert; dort starb Corries Schwester.

Corrie war tief im Glauben verwurzelt. Dennoch brauchte sie sehr lange, bis sie den Hass auf ihre Peiniger überwand. Als sie glaubte, endlich verziehen zu haben, reiste sie um die Welt, um über Liebe und Vergebung zu sprechen und mitzuhelfen, dass Wunden, die der Krieg hinterlassen hatte, heilen konnten.

Einmal sprach sie in München vor deutschen Zuhörern und Zuhörerinnen. Anschließend kam ein Mann auf sie zu, streckte ihr die Hand entgegen und sagte: „Wie gut zu wissen, dass all unsere Sünden, wie Sie sagen, auf dem Meeresboden liegen!" Voller Entsetzen erkannte Corrie in ihm einen der Aufseher des Konzentrationslagers, in dem sie gewesen war. Er hatte sie und andere damals gezwungen, sich vor ihm nackt auszuziehen. Sie wollte seine Hand ergreifen, aber ihr Arm war wie festgefroren. Zorn und Hass, die sie längst überwunden glaubte, stiegen in ihr hoch und blockierten sie. In ihrer Not schickte sie ein Stoßgebet zum Himmel: „Jesus, hilf mir!" Irgendwie schaffte sie es doch, ihrem einstigen Feind die Hand zu reichen. In diesem Moment wurde sie überwältigt von dem Gefühl, geliebt zu sein, und sie spürte, dass ihr selbst alles vergeben ist. Später schrieb sie über diese Situation: „Einen langen Moment hielt jeder die Hand des anderen fest – der einstige Aufseher und die einstige Gefangene. Nie zuvor habe ich Gottes Liebe so stark erlebt wie in dem Augenblick" *(in: Tramp for the Lord, Washington 1974)*.

Man kann auf Versöhnungsgeschichten wie diese unterschiedlich reagieren. Zum einen können sie uns anspornen und mit der Hoffnung erfüllen, dass auch wir fähig sind, unserem ärgsten Gegner zu verzeihen. Sie können uns aber auch entmutigen: *Wir* könnten niemals so radikal vergeben; das ist höchstens etwas für ganz außergewöhnliche, „heiligmäßige" Menschen. Wir bezweifeln, dass wir imstande sind, einem Menschen zu vergeben, der uns Leid zugefügt hat – einem Freund, der uns verlassen, dem Ehepartner, der uns betrogen, oder einer Person, die unserem Kind wehgetan hat. Und unser Zweifel ist berechtigt: Wie sehr wir uns auch bemühen mögen, aus eigener Kraft werden wir es kaum schaffen; diese Kraft muss uns von außen zukommen.

Jesus weiß das, und doch möchte er, dass wir verzeihen, barmherzig sind und sogar die Feinde lieben! Wir sind dazu fähig – aber nur mit seiner

Hilfe. Wenn Jesus uns das Gebot der Feindesliebe gibt, dann schenkt er uns auch die Gnade, es zu befolgen und zu vergeben.

Doch manchmal kann es uns vorkommen wie eine „mission impossible", ein unmöglicher Auftrag. Vielleicht versuchen wir verzweifelt zu vergeben, haben die beste Absicht – und scheitern doch. Es ist so ähnlich wie einst im Garten Getsemani, als Jesus zu den verschlafenden Jüngern sagte: „Der Geist ist willig, aber das Fleisch ist schwach" (Matthäus 26,41). Wir stecken in der Klemme; aber das ist gar nicht schlecht. Denn so bleibt uns nichts anderes übrig, als uns Gott zuzuwenden und ihm zu gestehen: „Ich schaffe es nicht." Und Gott wird uns erwidern: „Du hast völlig recht. Aber ich schaffe es. Erlaube mir, dir zu helfen." Es liegt an uns, seine Hilfe zuzulassen.

Vergeben verlangt eine Entscheidung; es ist ein Willensakt. Und doch können wir uns nicht allein auf unsere Willenskraft verlassen. Wir bedürfen des Beistands einer höheren Macht. Mit anderen Worten, um wie Jesus vergeben zu können, genügt es nicht, ihn einfach nachzuahmen. Wir brauchen seine Hilfe; wir brauchen ihn, Jesus. Nur er kann möglich machen, was den Menschen unmöglich scheint (vgl. Matthäus 19,26; Markus 10,27; Lukas 18,27). Paulus hat das erkannt; an die Gemeinde in Philippi schreibt er: „Alles vermag ich durch ihn, der mir Kraft gibt" (Philipper 4,13).

Dies musste auch ein Ordensmissionar lernen, wie der kanadische Psychotherapeut und Priester Jean Monbourquette (1933–2011) in seinem Buch „Vergeben lernen in zwölf Schritten" *(Matthias-Grünewald-Verlag, 2010)* schildert. Der Missionar wurde von seinem Provinzoberen völlig überraschend von seiner Aufgabe entbunden, was er diesem sehr übel nahm. Er merkte jedoch, dass er seinem Provinzial verzeihen musste und machte sich dies von nun an zur Aufgabe. Mit großer Entschiedenheit betete er für seinen Provinzial, immer wenn dieser ihm in den Sinn kam: „Ich vergebe dir." Doch die Verbitterung blieb, und er verlor allmählich den Mut. Weil er aber nicht aufgeben wollte, machte er Exerzitien in der Hoffnung, dann endlich seinem Provinzial verzeihen zu können. Doch auch nach drei Tagen waren das Ringen und der Schmerz nicht verschwunden. Schließlich nahm er eine Bibel zur Hand und schlug sie wahllos auf. Sein Blick blieb an den Worten hängen: „(Sünden) vergeben kann nur Gott" (vgl. Markus 2,7; Lukas 5,21). Da begriff der Missionar, dass er immer nur versucht hatte, aus eigener Kraft zu vergeben – eine Anstrengung, die scheitern musste. Er versuchte, die Situation ganz Gott zu überlassen – und er stellte fest, dass er nun mit Gottes Hilfe tatsächlich von Herzen vergeben konnte.

„Irren ist menschlich ..." lautet ein bekanntes Sprichwort. In bestimmter Hinsicht ist das völlig richtig. Es gibt keinen Menschen, der nicht „irrt", der keine Fehler begeht, der nicht gelegentlich andere und sich selbst verletzt und Gott den Rücken kehrt. Allerdings verlangt dieses Wort in einer bestimmten Hinsicht eine Klarstellung: Wir sollten darüber nicht vergessen, dass der Mensch als Abbild Gottes geschaffen ist. Zur Heiligkeit und Vollkommenheit sind wir berufen! Aus *dieser* Perspektive könnte man sagen: Irren und Fehlverhalten machen uns weniger menschlich. Der Irrtum ist ein Widerschein der schwachen, gebrochenen menschlichen Natur. Diese Schwachheit verhindert unter anderem, dass wir vergeben, wie Gott es tut und von uns möchte. Ohne Gott sind wir nicht dazu in der Lage. Dessen war sich der englische Dichter Alexander Pope (1688–1744) offenkundig bewusst, als er das bekannte Zitat folgendermaßen ergänzte:

> „Irren ist menschlich,
> vergeben ist göttlich."

Wie vergeben?

1. Die Situation ins Gebet nehmen

Einer meiner Seminarkollegen war früher Gemüsehändler in einem kleinen englischen Dorf. Wer dort wohnte und frisches Obst oder Gemüse wollte, bekam es nur bei ihm. Doch die Sache hatte einen Haken. Er war ziemlich launisch und manchmal richtig unausstehlich.

Eines Tages beschlossen drei seiner regelmäßigen Kunden, alles ältere pensionierte Damen, etwas dagegen zu unternehmen. Nicht dass sie ihn zur Rede stellten oder zum Einkaufen ins nächste Dorf gingen; nein, sie nahmen sich einfach miteinander vor, von nun an jeden Tag für ihn zu beten!

Monate vergingen. Eines Sonntags war mein Kollege wie üblich zu einem Morgenspaziergang aufgebrochen. Er hörte die Kirchenglocken, die zum Gottesdienst riefen. Da er kein Kirchgänger war, hatte er bisher das Geläut überhaupt nicht beachtet. Doch diesmal fühlte er sich irgendwie innerlich angezogen und schlug die Richtung ein, aus der das Läuten kam. Vor der Kirche zögerte er einen Moment, dann stieß er die Tür auf, trat ein und setzte sich in eine Bank. Da hörte er hinter sich flüsternde Stimmen: „Er ist es! Er ist es! Endlich ist er gekommen!" Mein Kollege drehte sich um und sah in drei lächelnde Gesichter; er erkannte die Damen, die jeden Tag in seinem Laden einkauften. Ihre Gebete waren erhört worden …

Gott kann Menschen durch das Gebet anderer verändern. Immer wenn wir etwas zu vergeben haben, sollte das Gebet Teil unseres Bemühens sein. „Betet für die, die euch verfolgen", sagt Jesus (Matthäus 5,44). Wir können darum bitten, dass sie sich ändern, dass sie umkehren, liebevoller und liebenswerter werden. *Prayer changes things* („Gebet verändert"), heißt es in einem Song des Gospelsängers Deitrick Haddon. Und im Jakobusbrief (5,16): „Viel vermag das inständige Gebet eines Gerechten." Natürlich können wir nicht über Nacht Ergebnisse erwarten; Menschen pflegen sich nicht von heute auf morgen zu ändern. Es braucht Ausdauer im Gebet.

Dies war auch die Erfahrung der heiligen Monika, der Mutter des Aurelius Augustinus. In jungen Jahren entfernte sich ihr Sohn vom christlichen Glauben und führte ein ungeordnetes Leben. Nicht immer behandelte er seine Mutter gut. Doch Monika gab ihren Sohn nie auf, sondern betete jeden Tag für ihn. 18 Jahre später geschah, worum sie Gott gebeten hatte: Augustinus fand zurück zum Glauben und ließ sich taufen. Er stellte sich mit seinem Leben ganz in den Dienst

Gottes. Schließlich wurde er Bischof und ein berühmter Prediger. Monikas Ausdauer hatte sich ausgezahlt.

Leider scheinen manche Menschen gegen jede Veränderung resistent zu sein. Sie haben sich festgefahren in ihrem Verhalten, in ihrem Zorn oder negativem Denken. Wir können immer dafür beten, dass sie sich ändern, und sollten die Hoffnung nie aufgeben. Und wir können Gott bitten, dass er sie segne, dass er sie mit Freude und Frieden erfülle und „heil" werden lässt.

Natürlich können und sollen wir auch für uns selbst bitten. Vielleicht müssen ja auch wir uns ändern! Bitten wir um Weisheit und Mut, um uns einer schwierigen Person gegenüber richtig zu verhalten; um mehr Geduld und Verständnis; womöglich auch um ein dickeres Fell, damit wir uns über die anderen nicht so aufregen. Bitten wir, dass Gott auch uns mit Frieden erfüllt und uns heil macht!

Vor allem können wir um die Gnade bitten, vergeben zu können. Wenn wir im Vaterunser zu der Stelle kommen, wo es heißt: „Vergib uns unsere Schuld, wie auch wir vergeben unsern Schuldigern", könnten wir uns im Geiste die Person vorstellen, der wir verzeihen möchten. Es ist, als würden wir sagen: „Herr, hilf mir, diesem Menschen zu verzeihen, so wie du mir vergeben hast!"

Worum wir nie bitten sollten, ist, dass der betreffenden Person zur Strafe etwas zustößt. Wir können durchaus versucht sein, jemandem zu wünschen, dass er vom Blitz getroffen wird. Solche Gedanken überkamen die Jünger Jesu, als sie in einer Stadt abgewiesen wurden; da fragten sie ihren Meister, ob sie befehlen sollten, „dass Feuer vom Himmel fällt und sie vernichtet" (Lukas 9,54). Jesus wies sie umgehend zurecht.

In unserem Zorn über das, was uns angetan worden ist, möchte man manchmal „Feuer" auf den anderen herabrufen. Gestehen wir uns diese Gedanken und Gefühle ehrlich ein, auch Gott gegenüber. Er weiß sowieso, was in uns vorgeht; ihm können wir nichts vormachen, nichts vor ihm verbergen. Aber er möchte, dass wir unsere Gedanken und Gefühle im Gebet mit ihm teilen.

In meinem seelsorgerlichen Dienst gestehen mir Menschen immer wieder ihre Enttäuschung und ihren Zorn auf jemanden. Dann sage ich ihnen: „Ich danke Ihnen, dass Sie diese Dinge mit mir teilen. Aber haben Sie sie eigentlich auch mit Gott geteilt?" Oft ist das nicht der Fall; viele meinen, sie könnten doch Gott nicht sagen, was sie diesem Menschen am liebsten wünschen würden! Andere sind noch nie auf die Idee gekommen, die eigenen Gedanken und Gefühle vor Gott auszudrücken; sie haben es nie gelernt. Also sagen sie Gott nur das, von dem sie annehmen, dass er es hören will.

Doch Gott will keine zensierten Gebete. Er möchte ehrliche Gebete. Schauen wir nur in das „Gebetbuch" der Bibel, die Psalmen: Ein großer Teil dieser Texte sind Klagelieder oder Anklagen. Sie sind eine gute Vorlage für unser Beten. Es ist völlig in Ordnung zu beten: „Gott, wie konntest du das nur zulassen? Das ist nicht fair! Ich habe das nicht verdient! Du kannst alles in einem Augenblick wieder in Ordnung bringen; warum tust du es nicht?!" Vielleicht zögern wir, uns so auszudrücken, weil wir irgendwie ahnen, dass solche Gedanken von mangelndem Vertrauen, Wut und Unreife zeugen. Das mag durchaus der Fall sein. Doch Gott kommt uns dorthin entgegen, wo wir stehen! Wenn wir uns ihm in dieser Schwäche und Not zumuten, laden wir ihn ein, uns zu helfen und zu heilen.

Wir können auch auf Maria schauen, wenn wir zu Gott in unserem Leid beten. Ihr Sohn starb für uns und unsere Sünden; doch seine Mutter empfindet weder Hass noch Ablehnung gegenüber denen, um deretwillen er ihr genommen wurde: Sie nimmt uns als ihre Kinder an und betet für uns, dass wir beten und vergeben können wie sie.

2. AN DIE BARMHERZIGKEIT GOTTES GLAUBEN

Therese von Lisieux erzählte folgende Geschichte: Ein Vater wollte seine beiden Söhne, die sich schlecht benommen hatten, bestrafen. Im Bewusstsein, falsch gehandelt zu haben, lief der eine Sohn ängstlich weg. Der andere Sohn hingegen warf sich dem Vater in die Arme, entschuldigte sich für sein Verhalten, versprach sich zu bessern, sagte dem Vater, dass er ihn liebe und bat als „Strafe" um einen Kuss. Der Vater war überglücklich und erfüllte seinem Sohn den Wunsch. – Beiden Söhnen tat leid, was sie getan haben, erklärt Therese. Der eine war davon überzeugt, dass er den Zorn des Vaters zu spüren bekommen würde. Der andere Sohn wusste es besser. Er bat um Vergebung, und es kam zur Versöhnung. Therese unterstreicht, dass der Vater nur allzu gut wusste, dass sein Sohn wohl wieder etwas anstellen würde, doch das hielt ihn nicht davon ab, ihm von Herzen gern zu vergeben.

Diese Geschichte ist ein Gleichnis dafür, wie der Vater im Himmel uns behandelt. Er ist unbeschreiblich barmherzig. Es gibt *nichts*, was er nicht vergibt. Es gibt *niemand*, dem er nicht vergeben wüde. Kein Sünder braucht die Hoffnung zu verlieren. Allerdings fällt es uns manchmal schwer, daran zu glauben. Es ist einfach zu schön, um wahr zu sein. Vielleicht sprechen wir am Sonntag in der Kirche das Glaubensbekenntnis, beten: „Ich glaube ... die Vergebung der Sünden" – und haben doch leise Zweifel, ob uns wirklich vergeben wird.

Diesen Zweifel und Argwohn stellt das Neue Testament infrage, wie folgende Geschichte verdeutlicht:

Aufgebrachte Männer schleppten eine Frau vor Jesus, die sie beim Ehebruch ertappt hatten (vgl. Johannes 8,1–11). Auf dieses Vergehen stand die Todesstrafe. Die Frau bleibt namenlos, ohne Identität. Wir können nur mutmaßen über die Umstände, die sie in diese prekäre Situation gebracht haben. Alles, was gesagt wird, ist, dass sie mit ihrer Schuld vor Jesus steht. Ihr Schicksal liegt in seinen Händen. Man kann davon ausgehen, dass sie vor Angst wie gelähmt war und fest damit rechnete, dass Jesus dasselbe Urteil fällen würde wie die Männer, die sie herbeigeschleppt haben: Tod durch Steinigung. Wie sprachlos und dankbar wird sie daher gewesen sein, als Jesus sich ihr voll Güte und Erbarmen zuwandte und sie mit der Aufforderung entließ, fortan nicht mehr zu sündigen.

Im Bewusstsein unserer Sünden könnten wir bei der Vorstellung, Jesus von Angesicht zu Angesicht gegenüberzustehen, in Panik geraten. Wir verhalten uns, als wäre er ein potenzieller Steinewerfer: Wir bemühen uns, ihm aus dem Weg zu gehen oder laufen vor ihm weg, wenn er uns zu nahe kommt. Wir gehen nicht zur Beichte, nicht zur Kommunion und vielleicht auch nicht mehr in die Kirche. Wir sind versucht zu denken, dass wir mit unseren Sünden eine Linie überschritten haben, die Jesus vermeintlich irgendwo gezogen hat. Weil wir aus eigener Erfahrung wissen, wie schwer es sein kann zu verzeihen, schließen wir daraus, dass es für Jesus ebenso schwer sein muss, uns zu vergeben.

Aber Jesus will *nichts anderes als uns vergeben*, und es ist *nicht* schwer für ihn! Das geben uns die Evangelien immer wieder zu verstehen. Während er in einem Haus lehrt, bringen vier Männer ihren gelähmten Freund auf einer Trage zu ihm, damit er ihn heilt. Sie müssen die Trage durch das Dach herunterlassen, weil die vielen Menschen den Eingang versperren. Jesus vergibt dem Gelähmten seine Sünden, ehe der überhaupt ein Wort sagen kann. Einige Schriftgelehrte reagie-

ren empört. Jesus nimmt ihren Einspruch auf und
fragt sie: „Ist es leichter, zu dem Gelähmten zu
sagen: Deine Sünden sind dir vergeben!, oder zu
sagen: Steh auf, nimm deine Tragbahre und geh
umher?" (Markus 2,9). Er durchschaut ihr Denken und tut das, was in ihren Augen schwerer zu
sein scheint – er heilt den Gelähmten. So erweist
er seine (göttliche) Vollmacht, auf der Erde Sünden zu vergeben (vgl. Markus 2,10f).

Diese Geschichte macht deutlich, dass Jesus uns
von unseren Sünden befreien will. Wenn wir es
nicht zulassen, bleiben wir „gelähmt" im geistlichen Sinne, gelähmt durch unsere Schuld. Die
Heilige Schrift zeigt, wie man sich fühlen kann,
wenn man seine Schuld nicht eingesteht:

> „Solang ich es verschwieg,
> waren meine Glieder matt,
> den ganzen Tag musste ich stöhnen.
> Denn deine Hand lag schwer auf mir
> bei Tag und bei Nacht;
> meine Lebenskraft war verdorrt
> wie durch die Glut des Sommers."
>
> (Psalm 32,3f)

Doch als der Psalmist seine Schuld vor Gott bekannte, wurde er mit Frieden und Freude erfüllt.
Das Bewusstsein eigener Schuld ist nicht notwen-
digerweise etwas Schlechtes. Schuldgefühle zei-

gen, dass wir ein Gewissen haben und dass wir uns bewusst sind, mit unserem Tun andere verletzen zu können. Nur ein „Soziopath", ein Mensch, der nicht oder nur eingeschränkt fähig ist, mit anderen mitzufühlen, empfindet keine Schuld. Aber die Schuld braucht uns nicht zu lähmen. Sie kann vielmehr Energie freisetzen, die uns zum Handeln führt und uns bei Gott Vergebung suchen lässt, damit die Beziehung zu ihm wiederhergestellt wird.

Es ist überaus schwer zu verzeihen, wenn uns eigene Schuld lähmt. Dagegen ist es um ein Vielfaches leichter, das Rechte zu tun, wenn unsere Beziehung zu Gott im Lot ist und wir mit unserem Gewissen im Einklang sind. Anders gesagt: Menschen, die aus der Vergebung leben, werden vermutlich auch eher anderen vergeben können. Wir werden nur fähig sein, wie Gott zu vergeben, wenn wir aus der Gewissheit leben, dass Gott uns vergeben hat. Wie können wir anderen verweigern, was uns so großzügig gewährt wurde? Wenn wir daher vor der Notwendigkeit stehen, jemand zu verzeihen, sollten wir die Vergebung Gottes suchen: in aufrichtigem Gebet, in der Eucharistiefeier, im persönlichen Beichtgespräch.
Wem viel vergeben wurde, der ist von tiefer Liebe erfüllt (vgl. Lukas 7,47). Wir können dankbar sein

für einen Gott, dem es gefällt zu verzeihen. Ich wage zu behaupten, dass Gott uns mehr vergeben möchte, als wir je sündigen können. Jesus ist nicht gekommen, um die Welt zu richten, sondern um sie zu retten (vgl. Johannes 12,47). Er sehnt sich danach, uns zu vergeben. Ja, deshalb ist er für uns gestorben.

3. GOTTES VERGEBUNG SUCHEN

Steven McDonald ist Polizeibeamter in New York. Auch sein Vater und Großvater waren Polizisten. An einem Sommernachmittag 1986 trifft er auf seiner Streife im Central Park auf den 15-jährigen Shavod Jones. Der Junge feuert aus einer Pistole drei Mal auf den Polizisten und trifft ihn in Kopf und Hals. Wie durch ein Wunder überlebt McDonald, bleibt aber vom Nacken abwärts querschnittsgelähmt. Er ist 29 Jahre alt und erst seit kurzem verheiratet. Seine Frau erwartet das erste Kind. 18 Monate verbringt der junge Polizist im Krankenhaus.

Vor diesem schrecklichen Ereignis war Steven nicht besonders religiös gewesen. Doch dieser Schicksalsschlag verändert sein Leben. Er und seine Frau Patti Ann suchen Hilfe im christlichen

Glauben, und Steven findet die Kraft, seinem Angreifer zu vergeben. Ihr Sohn Conor wird in der Krankenhauskapelle getauft. Bei dieser Gelegenheit verliest Patti Ann ein Statement ihres Mannes. Darin heißt es: „Ich vergebe Shavod Jones und hoffe, dass er in seinem Leben Frieden und Sinn findet" *(New York Times, 14.9.1995)*.

Seit seiner Entlassung aus dem Krankenhaus meldet sich Steven in der Öffentlichkeit immer wieder zu Wort. Er ist an den Rollstuhl gefesselt und hat Mühe zu sprechen, weil er auf ein Beatmungsgerät angewiesen ist. Dennoch erreicht er zahllose Menschen mit seiner Botschaft der Gewaltlosigkeit und Vergebung. Er sagt: „Immer wieder erzähle ich den Leuten, dass nur eines schlimmer gewesen wäre als eine Kugel im Rückgrat – wenn ich in meinem Herzen Rachegefühle gehegt und gepflegt hätte." Er bekundet, wie sehr ihm sein Glaube dabei geholfen hat, seinem Angreifer zu verzeihen. Durch den regelmäßigen Empfang des Bußsakraments ist er ein Mensch der Vergebung geworden. Denn, so betont er: „Gottes Vergebung für sich selbst zu suchen schließt ein, auch anderen zu vergeben."

Steven McDonald wird von seinen Schusswunden niemals vollkommen genesen. Aber er hat zutiefst innere Heilung erfahren durch das Sakrament der Versöhnung, die Beichte. Aus gutem

Grund wird sie als „Sakrament der Heilung" bezeichnet; denn Sünden bedürfen der Heilung. Die Sünde verwundet uns und andere, und sie belastet unsere Beziehung zu Gott. Im Bußsakrament werden uns die Sünden vergeben; wir erfahren Heilung der Wunden, die sie geschlagen haben, und wir werden gestärkt, um die Verfehlungen anderer zu vergeben.

Ich habe die heilende Wirkung dieses Sakraments immer wieder bei Erwachsenen beobachten können, die im Rahmen ihrer Aufnahme in die katholische Kirche zum ersten Mal zur Beichte gehen. Zunächst sind sie eher besorgt, ein wenig verlegen oder ängstlich vielleicht. Doch hinterher scheinen sie wie auf Wolken zu schweben. Man sieht ihnen an, dass sie sich von einer großen Last befreit fühlen, und sie strahlen übers ganze Gesicht. Wer seine Fehler vor Gott eingesteht, gibt Gott die Gelegenheit, ihm zu zeigen, wie sehr er ihn liebt und für ihn da ist. Diese Erfahrung schenkt tiefen inneren Frieden.

Doch das setzt voraus, dass wir unsere Sünden eingestehen. Andernfalls wirken sie weiter und nagen an der Seele. Der Versuch, wegzuschauen und sie von Gott fernzuhalten, blockiert unsere Beziehung zu ihm. Wir verhalten uns wie ein kleines Kind, dass sich die Augen zuhält, um nicht gesehen zu werden. Doch wie könnten wir

Gott etwas verheimlichen?! Er kennt unsere Gedanken und Regungen und schaut bis in die Tiefen unserer Seele. Das sollte uns eigentlich mit Trost und Freude erfüllen …

Uneingestandene Sünden geben uns ein Gefühl von Unbehagen, wenn nicht Angst. In dieser Gemütslage wird es uns schwerfallen, unsererseits anderen Menschen zu vergeben. Wer nicht auf Vergebung hofft, neigt seinerseits dazu, andere zu verdammen.

Nun kann es sein, dass man keine Gewissensbisse empfindet und daher auch keine Veranlassung sieht, Gott um Vergebung zu bitten und zur Beichte zu gehen. Man beruhigt sich mit dem Gedanken, man sei doch kein schlechter Mensch und tue nun wirklich nichts Schlimmes! Wozu also solche Umstände?! Warum soll man beichten gehen, wenn man ein anständiger Mensch ist, der es gut meint und grundsätzlich verantwortungsbewusst handelt?! – Wer so denkt, der meint offenbar, das Bußsakrament sei etwas für „grundsätzlich schlechte" Menschen. Doch Jesus hat uns nicht dazu aufgefordert, *gute* Menschen zu sein: Er ruft uns zur Heiligkeit! Und das Bemühen um Heiligung des Lebens geht einher mit einem ernsthaften Kampf gegen die Sünde. Wenn wir meinen, keine Sünden zu haben, heißt das nicht unbedingt, dass wir heilig sind. Eher ist anzunehmen, dass wir einfach nur blind sind!

Manchmal sind wir uns unserer Sünden und Fehler zwar bewusst, aber sie belasten uns nicht besonders. Wir zucken mit den Schultern und sagen: „So bin ich nun mal!", oder wir machen unsere Umgebung dafür verantwortlich. Wir reden uns ein, dass unsere Sünden durch all das Gute, das wir tun, wiedergutgemacht sind; wir betrachten sie sozusagen als „Ausgleich für gutes Benehmen". Das kann so weit gehen, dass wir unsere Gewohnheiten nicht ändern wollen oder meinen, es nicht nötig zu haben. Wir werden innerlich gleichgültig. Manchmal verhärtet das Herz auch. Johannes Paul II. sagt: „Wenn wir vergessen, dass wir Sünder sind, vergessen wir, dass wir Christus brauchen. Und wenn wir vergessen, dass wir Christus brauchen, haben wir alles verloren!"

Menschen, die nicht einsehen, dass sie Vergebung brauchen, sehen normalerweise auch nicht die Notwendigkeit, anderen zu vergeben. Menschen, die für sich selbst Gottes Vergebung ablehnen, verweigern sie gewöhnlich auch anderen Menschen.

Falls wir uns in diesen Beschreibungen wiederfinden, könnten wir uns von Jesus anregen lassen, die Bedeutung des Bußsakraments für unser Leben zu überdenken. Er lädt uns ein, unsere

Angst oder Gleichgültigkeit beiseite zu tun und im Sakrament der Heilung ihm unser Herz zu öffnen. Dann können wir erfahren, wie froh es macht, seine Vergebung zu empfangen. Und wenn wir anderen verzeihen, erhalten wir auch Anteil an ihrer Freude.

Mutter Teresa erklärt:

> „Christen müssen lernen zu vergeben.
> Und wie lernen wir das?
> Indem wir begreifen,
> dass auch wir der Vergebung bedürfen."

4. Gebrochenes Brot für gebrochene Menschen

Als ich an einem Werktag in der Früh die heilige Messe feierte, schaute ich in die versammelte Gemeinde. Viele der Anwesenden kannte ich; man könnte sagen, es waren die „Stammbeter". Während ich die einzelnen Gesichter in den Kirchenbänken betrachtete, kamen mir ihre Lebenssituationen in den Sinn: gesundheitliche Probleme, Kampf gegen eine bestimmte Abhängigkeit, Scheidungsprozess, Entfremdung von den erwachsenen Kindern, Betreuung von älteren, kranken oder pflegebedürftigen Familienangehörigen. Eine Frau wünschte sich sehnlichst ein Kind, während eine Mutter mit vielen Kindern nicht mehr wusste, wo ihr der Kopf stand. Ein Witwer litt unter Vereinsamung, ein junger Zugezogener suchte Anschluss, und ein Immigrant fand nicht aus seiner Isolierung. Manche steckten in schmerzlichen Beziehungen oder in aufreibenden Arbeitsprozessen. Praktisch hatte jeder der Anwesenden sein besonderes Leid zu tragen. Dann dachte ich an meine eigenen inneren Kämpfe und Nöte. Und langsam wurde mir klar: In all unserer Gebrochenheit sind wir mit der Hoffnung im Herzen um den Altar versammelt, dass Jesus die Bruchstücke zusammenfügt und uns ganz und heil macht.

Zu jeder Eucharistiefeier bringen wir auch das mit, was uns belastet, womit wir zu kämpfen haben, was uns Kummer bereitet. Vielleicht sind wir gestresst von den Anforderungen, mit denen uns das Leben konfrontiert. Oder wir sind in Sorge wegen bestimmter Beziehungen. Oder wir wissen kaum, wie wir über die Runden kommen sollen. Oder wir machen uns Sorgen um die Kinder oder trauern über den Verlust eines lieben Menschen. Vielleicht müssen wir mit gesundheitlichen Problemen, mit Einsamkeit oder Frust in der Arbeit fertig werden. Wir ärgern uns über verpasste Gelegenheiten, tragen schwer an Altlasten aus der Vergangenheit, ringen mit schlechten Gewohnheiten. Wir haben andere verletzt, andere haben uns verletzt, wir haben uns selbst verletzt … In dieser Gebrochenheit feiern wir die Eucharistie und werden zugleich daran erinnert, dass auch Jesus die Erfahrung der Gebrochenheit gemacht hat. Sein Körper war entstellt durch Geißelhiebe, Schläge, Dornen; seine Hände und Füße waren mit Nägeln durchbohrt, seine Seite von einer Lanze durchstoßen. Er hat Einsamkeit und Verrat durch Freunde erfahren. Er wurde verspottet, beleidigt, verflucht. Sein eigenes Volk, die religiöse Führung und die Regierung lehnten ihn ab. Er wurde Opfer von Fanatikern, die Galiläer und Juden gleichermaßen hassten. Er wurde Opfer von Feiglingen, die ihn im Schutz der Dunkelheit gefangen nahmen und verurteilten. Und dieser Jesus, der selbst ohne Sünde war, nahm die Last unserer Sünden auf sich – bis zum Schrei am Kreuz: „Mein Gott, mein Gott, warum hast du mich verlassen?" (Markus 15,34).

Aus Liebe zu uns ließ Jesus es zu, in vielerlei Hinsicht ein gebrochener Mensch zu sein. Dies ruft uns die Eucharistiefeier in Erinnerung, wenn der Priester die konsekrierte Hostie, den Leib Christi, bricht, während die Gemeinde betet: „Lamm Gottes, du nimmst hinweg die Sünde der Welt: Erbarme dich unser." Das Brechen des Bro-

tes ist ein Zeichen dafür, dass Jesus „gebrochen"
wurde.

Wenn der Priester die Hostie geteilt hat, nimmt
er ein kleines Stück davon und versenkt es in den
Kelch mit dem konsekrierten Wein, das Blut
Christi. Dieses Zeichen ist Ausdruck dafür, dass
der in der Kreuzigung gebrochene Leib Jesu und
das in seiner Lebenshingabe vergossene Blut in
der Auferstehung wieder vereint sind. Mit anderen Worten, in der Eucharistiefeier begegnen wir
dem gekreuzigten und auferstandenen Christus,
der unsere Gebrochenheit heilen will.

Eu charis ist Griechisch und bedeutet „gute Gabe": Diese Gabe ist Christus selbst; er schenkt sich
uns, um uns so heil zu machen. Er schenkt uns die
Gnade, mit Geduld und Ausdauer weiterzuma-
chen. Er erfüllt uns mit dem Trost des Heiligen
Geistes. Er rüstet uns mit Weisheit aus, damit wir
unsere Schwierigkeiten im Licht Gottes sehen. Er
überhäuft uns mit den Gaben des Glaubens, der
Hoffnung und der Liebe. Er kommt zu uns, um in
unserer Einsamkeit bei uns zu sein. Er verzeiht
uns die alltäglichen Sünden, durch die wir andere
und uns selbst verletzen, und er gibt uns die Kraft,
denen zu vergeben, die uns verletzt haben.

Thomas von Aquin schrieb über die Eucharistie: „Kein Sakrament hat eine heilsamere Wirkung als dieses: Es reinigt von Sünden, es mehrt

die Tugenden und erfüllt den Geist mit dem Reichtum aller geistlichen Gaben" *(Aus dem Opusculum über das Fest des Leibes Christi).* Deshalb sollten wir, wenn wir etwas zu verzeihen haben – insbesondere wenn es uns schwerfällt – möglichst häufig in der Eucharistiefeier Kraft suchen.

Wurden wir verletzt, zerbricht etwas in uns, vielleicht das Herz oder der Geist; vielleicht zerbrechen wir auch physisch. In dieser Gebrochenheit können wir zu Jesus kommen, der uns in der Eucharistie begegnet, und beten: „Herr, ich bin nicht würdig, dass du eingehst unter mein Dach. Aber sprich nur ein Wort, so wird meine Seele gesund." Der Empfang seines Leibes erfüllt uns mit heilender Gnade. Der Herr vergibt unsere Sünden; er möchte die Wunden, die wir uns selbst zufügen, heilen, und ebenso die Verwundungen, die uns durch andere beigebracht wurden. Er will uns stärken und trösten. Und dann sendet er uns in die Welt, damit wir die empfangene Vergebung und Heilung mit anderen teilen.

Auch da sind wir nicht allein: Jesus begleitet uns. Auf reale Weise ist er unser Weggefährte: Er ist mit uns auf unserem Weg, wenn wir ausziehen, um Vergebung zu bringen. Und zugleich ist er unsere Nahrung: Er schenkt uns die Kraft, um zu tun, was uns aufgetragen ist.

Zu Beginn der Eucharistiefeier, bei der Gabenbe-
reitung, bringt jemand aus der Gemeinde schlich-
tes Brot zum Altar. Darin bringen wir uns selbst
vor Gott, mit allem, was wir sind und haben, ein-
schließlich unserer Gebrochenheit. Im Geheimnis
der Eucharistie wird das Brot zum „Brot des Lebens" für uns, Leib Christi, den der Priester uns
reicht. Das gebrochene Brot heilt, was in uns zerbrochen ist. Auf wunderbare Weise „wiederhergestellt", werden wir gemeinsam hinausgesandt,
um dieses Geschenk mit anderen zu teilen: indem
wir uns ihnen in Liebe zuwenden, Mitgefühl zeigen, barmherzig und vergebungsbereit sind.

5. Sich selbst vergeben

Als junger Erwachsener war dem früheren
Schafhirten und Soldaten João (Johannes)
aus Portugal der christliche Glaube fremd geworden. Eines Tages – er war schon über 40! – hörte er
an einem Feiertag eine ergreifende Predigt des
spanischen Missionars Juan von Avila. Unvermit-
telt begann João vor allen Leuten aus voller Kehle
zu schreien; er schlug sich an die Brust und flehte
um Erbarmen. Weil er, sich so gebärdend, monatelang durch die Straßen zog, wurde er zum öffentlichen Ärgernis. Die Bewohner des Ortes

meinten, er sei verrückt geworden und gehöre weggesperrt. Als der Missionar davon erfuhr, besuchte er den „Verrückten". Er überzeugte ihn davon, dass er sich lange genug selbst bestraft habe: Jetzt sei es an der Zeit, die Energien für etwas Positives einzusetzen, das sowohl ihm als auch seinen Mitmenschen zugutekomme. João befolgte den Rat und widmete sich für den Rest des Lebens dem Dienst an den Kranken und Armen. Heute kennt man ihn unter dem Namen Johannes von Gott.

Als João zum ersten Mal Juan von Avila predigen hörte, wusste er, dass er sein Leben ändern und umkehren musste. Die Weise, wie er das zum Ausdruck brachte, war nicht gerade glücklich. Wie kann man Reue und Umkehr zeigen? Diese Frage bewegte schon die Menschen, die den Täufer Johannes gehört hatten: „Was sollen wir tun?", fragten sie ihn nach einer Bußpredigt (vgl. Lukas 3,10–14). Großzügig sollten sie sein, ehrlich, genügsam und gerecht, hatte Johannes geantwortet. Er hat nichts davon gesagt, dass sie sich selbst schlagen sollten. Sicher sollen uns unsere Sünden und der Schaden, den sie angerichtet haben, leidtun. Doch größer soll die Freude über unsere Erlösung sein. Manches, was wir angestellt haben, mögen wir im Nachhinein zu recht verabscheuen. Doch uns selbst sollten wir niemals verachten. Gott jedenfalls verachtet uns nicht!

Zu echter Reue gehört eine positive Veränderung; es ist nicht gut, sich in Selbstmitleid zu verzehren. Reue umfasst Abkehr von der Sünde und Vertrauen auf Gottes Erbarmen und Vergebung. Zur Reue gehört auch, dass wir uns selbst vergeben, weil Gott uns vergibt. C. S. Lewis schrieb einmal: „Wenn Gott uns vergibt, müssen wir auch uns selbst vergeben. Andernfalls ist es, als wollten wir uns zu einem höheren Richter als Gott aufspielen."

Doch manche Menschen schaffen es nicht, sich selbst das Schlechte zu verzeihen, das sie angestellt haben. Mitunter klagen sie sich einer bestimmten Verfehlung bei der nächsten Beichte erneut oder gar zum x-ten Mal an. Offensichtlich belastet sie die Sache immer noch. Ich frage dann, ob sie glauben, dass Jesus ihnen vergeben hat. Die Antwort ist gewöhnlich „ja". Doch wenn ich weiterfrage: „Aber haben Sie auch sich selbst vergeben?", ist die Antwort zumeist „nein".

Wenn wir uns nicht selbst vergeben können, werden wir innerlich aufgefressen von Scham und Schuldgefühlen. Dass wir uns in der Vergangenheit falsch entschieden haben, bedauern wir zutiefst: „Ach, hätte ich das damals nur anders gemacht ..." Vielleicht sind wir dabei, uns durch exzessiven Alkoholkonsum oder Spielsucht selbst zu zerstören. Vielleicht belastet uns, dass wir in der Erziehung der Kinder oder bei der Pflege der alten Eltern keine glücklichen Entscheidungen getroffen haben. Es kann sein, dass uns ein früherer Seitensprung oder eine Abtreibung quält. Vielleicht haben wir falsche finanzielle oder berufliche Entscheidungen getroffen, sind ein unkluges Verhältnis eingegangen oder haben dazu beigetragen, dass eine Beziehung zerbrochen ist. Oder wir haben etwas *nicht* getan; zum Beispiel haben wir es versäumt, uns in einer Familienkrise einzuschalten oder einen Freund davon abzuhalten, sich zu betrinken. Wenn wir uns selbst diese Dinge nicht verzeihen können, wird es uns sehr schwerfallen, Ähnliches einem anderen zu verzeihen. Auch hier gilt: Wir können nicht geben, was wir nicht haben.

Sich selbst nicht vergeben ist gleichbedeutend mit einer Selbstverwundung. Es ist ganz normal, dass es einem leid tut, wenn man einen anderen Menschen oder sich selbst verletzt hat. Doch dies ist etwas ganz anderes als Selbstmitleid; hier tun wir nur uns selbst leid. Dann möchten wir, dass die anderen uns bedauern, weil wir doch so arm dran sind! Auf Schritt und Tritt verteilen wir ge-

wissermaßen Einladungen zu unserer „Selbst-
mitleidparty". Wir „trösten uns" mit Alkohol,
Drogen, unmäßigem Essen. Oder wir wenden
uns gegen uns selbst und erlegen uns unnötige
Strafen auf – wie Johannes von Gott.

Gott hat kein Gefallen an sinnloser Buße. Eine
Art von Buße, über die er sich sehr freut, ist: tun,
was Liebe und Güte in der Welt vermehrt, die wir
durch unsere Sünde verdunkelt haben. Wir können uns zum Beispiel bei dem Menschen entschuldigen, dem wir Leid zugefügt haben. Selbst
wenn er unsere Entschuldigung nicht annimmt,
haben wir zumindest die Verantwortung für unser Tun übernommen. Wenn jemand durch uns
zu Schaden gekommen ist, können wir es, falls es
sich um etwas Materielles handelt, ersetzen. Wir
können der Person, die wir verletzt haben, auch
etwas Gutes tun, oder, wenn das aus irgendwel-
chen Gründen nicht möglich ist, jemand anders.
Davon profitieren wir übrigens selbst: Anderen
Gutes tun, tut einem selbst gut und schenkt Freude. Das hat auch Johannes von Gott erfahren, als
sich seine Verzweiflung in Hingabe und Heiligung des Lebens wandelte.

Gutes tun kann helfen, uns mit uns selbst auszusöhnen. Aber wir können weit mehr tun. Etwas
ganz Kostbares ist zum Beispiel auch der Trost,

den wir im Bußsakrament durch Gottes vergebende Liebe erfahren. Hilfreich ist sodann eine
Veränderung unserer Denkweise: Statt immerzu
über das nachzugrübeln, was wir falsch gemacht
haben, können wir uns auf Gottes Barmherzigkeit besinnen oder uns einfach einmal das Gute
in Erinnerung rufen, das wir zustande gebracht
haben. Nicht, weil wir etwas verdrängen wollten,
sondern aus der Einsicht, dass die Fixierung auf
unser Fehlverhalten niemandem hilft – am we-
nigsten uns selbst. Wichtig ist außerdem das Gebet: Bitten wir Gott um die Gnade, uns selbst zu
vergeben und aus unseren Fehlern zu lernen,
statt uns von ihnen erdrücken zu lassen.

Gott ist stets bemüht, dass wir „mehr" Mensch
werden, indem er uns korrigiert, herausfordert,
ermutigt, uns andere Menschen an die Seite stellt
oder uns Gelegenheiten zu reifen beschert: Damit
wir lernen zu vertrauen, demütig zu werden und
Mitgefühl zu empfinden, lässt er manchmal zu,
dass uns Leid widerfährt. Damit wir verantwortlich handeln lernen, sorgt er dafür, dass wir die
Konsequenzen unseres Tuns erkennen. Anders
gesagt, Gott wendet sich nicht von uns ab, wenn
wir sündigen. Vielmehr sind *wir* es, die sich von
ihm abwenden. Wir bestrafen uns selbst, wenn
wir sündigen. Deshalb hat Mutter Teresa so da-

rauf bestanden, dass nicht Gott es ist, der straft. Warum strafen wir uns selbst? Lieber sollten wir uns verzeihen – und auch den anderen.

6. Sich in den anderen hineinversetzen

Ebenezer Scrooge, die Hauptfigur aus Charles Dickens' „Eine Weihnachtsgeschichte", war ein herzloser, geiziger und gemeiner Geselle. Als er eines Nachts Besuch vom „Geist der vergangenen Weihnacht" bekam, gewann man Einblick in Scrooges schwierige Kindheit: Weil sein Vater sich kaum um ihn kümmerte, musste der Junge die Weihnachtsferien stets allein im Internat verbringen. Dass Scrooge in seiner Kindheit so wenig Liebe erfahren hatte, hat offenbar mit dazu beigetragen, dass er so herzlos geworden ist. Die schwierige Kindheit ist allerdings keine Generalentschuldigung für sein Verhalten; er ist mitverantwortlich dafür, dass er so geworden ist; er hat es zugelassen. Deshalb ist der Besuch von drei „Geistern" bei ihm notwendig …

Diese Geschichte lehrt uns, dass wir die Umstände beachten sollten, die zur Prägung eines Charakters beigetragen haben. Das Leben eines Menschen kann sein Tun verständlicher machen und helfen, Nachsicht mit ihm zu haben. Das Wissen um die Verwundungen eines anderen kann es uns leichter machen, ihm zu verzeihen, wenn er uns Leid zufügt. Der US-amerikanische Dichter und Übersetzer Henry Wadsworth Longfellow (1807–1882) drückte es einmal so aus:

„Hätten wir Einblick
in die Lebensgeheimnisse unserer Feinde,
fänden wir bei jedem von ihnen
genug Kummer und Leid,
um all unsere feindseligen Regungen
zu entschärfen."

Je mehr wir wissen, desto einfacher kann es sein zu vergeben. Negatives Verhalten ist häufig verursacht durch Schmerz, Angst oder Unwissenheit. Oft verbirgt sich dahinter ein durchaus berechtigtes Bedürfnis (nach Liebe, Aufmerksamkeit, Anerkennung …). Doch genau das wird durch Rache oder Fehlverhalten andern gegenüber nicht erreicht, ganz abgesehen davon, dass es immer fehl am Platze ist.

Gewalttäter waren zuvor mitunter selbst Opfer von Gewalt. Ihr Bestreben, andere einzuschüchtern oder zu demütigen, ist oft ein Versuch, eigene Scham oder Angst zu verdecken oder ihr schwaches Selbstwertgefühl zu stärken.

Eheleute könnten versucht sein, einander zu betrügen, weil sie sich ungeliebt oder nicht mehr gebunden fühlen.

Der geistliche Autor Henri Nouwen wurde ganz „kleinlaut", als er feststellte, dass die Verbrechen der Gefängnisinsassen, die er seelsorgerlich betreute, ein Schrei nach Hilfe waren. „Viele dieser Brüder und Schwestern", bemerkte er, „haben niemals die gefahrlose Berührung einer liebenden Hand erfahren."

Manchmal steckt ein medizinischer oder physischer Grund hinter einem problematischen Verhalten. Krankheit, Depression und Erschöpfung können Menschen reizbar machen. Teenager tun waghalsige Dinge, weil der Teil ihres Gehirns, der riskantes Verhalten zügelt, noch nicht voll entwickelt ist. Ein Erwachsener mit ADHS [jener besonders bei Kindern oft diagnostizierten Aufmerksamkeitsdefizit-/Hyperaktivitätsstörung] mag auf seinen Partner oder die Familie gleichgültig, selbstsüchtig und gefühllos wirken. Doch das sind Anzeichen einer Störung; es ist keine absichtliche Missachtung.

Wie bei Ebenezer Scrooge kann die Umgebung, in der ein Mensch aufwächst, großen Einfluss auf sein späteres Verhalten haben. Zu einem ähnlichen Ergebnis kam eine vom Staat Israel geförderte Studie über Deutschland vor dem Zweiten Weltkrieg, von der man sich Erkenntnisse über Faktoren erhoffte, die zum Holocaust geführt haben. Ein Ergebnis war, dass deutsche Kinder, die dazu erzogen worden waren, unter Androhung von Strafe einer Autorität unbedingt zu gehorchen, dadurch sozusagen eine „Prädisposition" hatten, sich dem Unterdrückungsregime der Nazis zu unterwerfen *(vgl. Gregory Popcak/Lisa Popcak, Parenting with Grace, in: Our Sunday Visitor, 2000, 22f).*

Häufig interessiert es uns nicht, ob jemand aus Angst, Unwissenheit, Krankheit oder großem Schmerz gehandelt hat: Wir „verteufeln" ihn für das, was er uns angetan hat; wir halten ihn für einen schlechten Menschen ...

Das Gegenteil geschieht beim Verliebtsein: Wenn wir verliebt sind, kann die Person, der unsere Zuneigung gilt, kaum etwas falsch machen. Wir sind blind für jeden Fehler. Wenn der geliebte Mensch uns dann aber doch einmal großes Leid zufügt, kippt das Ganze: In unserem Kummer und unserer Enttäuschung sehen wir ihn nicht mehr durch die rosarote Brille, sondern wie durch ein Fadenkreuz als Ursache all unseres Leids.

Es ist sehr schwer, jemandem zu vergeben, den wir als „schlecht" abgestempelt haben. Zur Zeit

Jesu wurde dieses Schicksal ganzen Gruppen zuteil: Man hatte sie zu öffentlichen Sündern erklärt. Sie wurden gedemütigt und verachtet, aber man vergab ihnen nicht. Wenn sie vorbeigingen, fanden manche es besser, sie anzuspucken, statt zu grüßen. Manch einer hätte wohl eher überlegt, die eigene Tochter zu töten, als zuzulassen, dass sie einen solchen Menschen heiratet. Jesus hingegen hat Ausgestoßene willkommen geheißen; er hat sie unterwiesen, mit ihnen gegessen, war ihnen wohlgesinnt. Er hat sie nicht als Sünder abgestempelt. Für ihn waren und blieben sie Menschen, vielleicht „Menschen, die sündigen", aber Menschen! Das ist ein gewaltiger Unterschied.

Wenn Jesus sich jemand zuwendet, sieht er nicht nur dessen Sünden. Er sieht einen Menschen vor sich, der als Gottes Ebenbild geschaffen ist, das heißt, er erkennt einen kleinen Widerschein von sich selbst. Diese Spiegelung ist natürlich mehr oder weniger deutlich. Aber in jedem Menschen, ohne Ausnahme, entdeckt Jesus etwas, das wert ist, erlöst, gerettet, vergeben zu werden.

Wenn wir die Mitmenschen mit den Augen Jesu anschauen, wird es leichter für uns, ihnen auch zu vergeben. Jesus weiß sehr wohl, dass menschliches Fehlverhalten manchmal mitbedingt ist durch ungute Umstände. In seiner Liebe und Barmherzigkeit kalkuliert er das immer mit ein.

Bei dem Mönch Dorotheus von Gaza, der im 6. Jahrhundert in der ägyptischen Wüste gelebt hat, findet sich die Geschichte von zwei Mädchen, die in ganz unterschiedlichen Verhältnissen aufwuchsen. Eines wurde von einer frommen Frau zu einem guten und heiligmäßigen Leben erzogen. Das andere lebte bei einem fremdländischen Tänzer, von dem sie „die Werke des Teufels erlernte". Dorotheus erklärt: „Kann man sagen, dass Gott von der einen wie von der anderen dasselbe erwartet? Mitnichten! Wie kann er zulassen, dass sie nach demselben Maßstab geprüft werden?"

Jesus wusste, dass denen, die ihn kreuzigten, nicht bewusst war, was sie taten. Verletzungen geschehen oft nicht aus Bosheit, sondern aus Unwissenheit, Schmerz oder Angst. Die Tat als solche mag falsch sein, doch die Umstände mildern die Schuld. Darum zu wissen, macht es uns leichter zu verzeihen. Deshalb lädt Jesus uns ein, uns das Wort zu eigen zu machen, das er am Kreuz gesprochen hat: „Vater, vergib ihnen; denn sie wissen nicht, was sie tun" (Lukas 23,34).

7. Die Erwartungen herunterschrauben

In vielen Songs wird die Hoffnung auf einen „Retter" besungen: aus der Einsamkeit, vor der Verzweiflung, vor sich selbst. Sie drücken eine tiefe, manchmal verzweifelte Sehnsucht nach Glück, Erfüllung und Angenommensein aus.

Wir alle bedürfen der „Rettung". Die Frohe Botschaft des Christentums besagt, dass wir sie wirklich erwarten dürfen – nicht von einem Liebhaber, Politiker oder Guru … Der Einzige, der uns wirklich retten kann, ist Jesus Christus, der menschgewordene Gott.

Wenn wir bei irgendjemand anders Erlösung suchen, erwarten wir von ihm etwas, das nur Christus zu erfüllen vermag. Damit aber bürden wir dieser Person eine schwere Last auf, an der sie unweigerlich zerbrechen muss. Denn kein Mensch kann solchen Erwartungen gerecht werden. Wir werden uns zwangsläufig enttäuscht und im Stich gelassen fühlen. Schuld an unserem Frust und Zorn sind wir selbst, weil wir unrealistisch waren.

Gewiss können uns andere Menschen eine große Portion Glück und Freude schenken. Sie können unsere Einsamkeit in einem gewissen Maße erleichtern; die Beziehung mit ihnen kann unserem Leben Richtung und Sinn geben. Doch unsere tiefsten Bedürfnisse können sie nicht befriedigen. Sie sind genauso schwach, gebrochen und begrenzt wie wir selbst. Es lässt sich gar nicht vermeiden, dass sie uns auch Enttäuschungen bereiten. Bei einer Beichte wurde mir einmal eine vielsagende Buße auferlegt, die ich bis heute beibehalten habe: bei jedem Besuch in der Kirche Jesus zu sagen: „Herr, nur du kannst meine tiefste Sehnsucht nach Liebe erfüllen!"

Es ist gut, sich das oft in Erinnerung zu rufen!

Unsere Erwartungen an andere müssen realistisch sein.

Jesus ist realistisch in dem, was er von uns erwartet. Er erwartet nicht, dass wir tun, wozu wir nicht fähig sind; gewiss erwartet er nicht von uns, dass wir makellos und ohne Fehler sind. Denken wir nur an Jesu Jünger; Jesus wusste sehr wohl, wen er da in seine Nachfolge rief. Manchmal waren sie alles andere als eine beeindruckende Gruppe. Sie enttäuschten Jesus, weil sie „immer noch nicht verstanden" hatten. Sie waren verschlafen und feige in der Nacht, als Jesus verhaftet wurde. Jakobus und Johannes zeigten sich auch rachsüchtig und stolz; Thomas hatte Zweifel; Judas wird als gierig beschrieben und hat Jesus verraten. Und Petrus, ihr Wortführer, war hitzig und hochmütig und hat seinen Meister verleugnet.

Jesus wusste nur zu gut, dass seine Jünger reifen mussten. Das sehen wir bei der schon erwähnten Begegnung zwischen Petrus und dem auferstandenen Jesus (vgl. Johannes 21,15–19). Zunächst fragt Jesus Petrus zweimal: „Liebst du mich?" Im Griechischen steht für „lieben" *agapáo*; gemeint ist die bedingungslose, sich schenkende Liebe, die Jesus uns am Kreuz erwiesen hat. Petrus beantwortet die Frage Jesu mit Ja, verwendet aber für Liebe das Wort *philía*, was Freundschaft, Bruderliebe bedeutet. Er sagt also so viel wie: „Jesus, du weißt, dass ich dein Freund bin."

Warum antwortet Petrus wohl auf diese Weise? Nur wenige Tage zuvor hatte er beteuert, er sei bereit, für Jesus zu sterben. Doch dann war er so schwach und ängstlich, dass er öffentlich leugnete, Jesus überhaupt zu kennen. Deshalb musste er Jesus eingestehen, dass er ihn nicht in der Weise zu lieben vermochte, wie Jesus ihn geliebt hat. Petrus war nur ehrlich. Und Jesus verstand ihn. Als er Petrus zum dritten Mal fragte, ob dieser ihn liebt, gebrauchte Jesus nicht mehr das Wort *agapáo*, sondern *philéo*: „Petrus, bist du mein Freund?"

Diese Art von Liebe konnte Petrus ohne Weiteres bejahen. Er wusste, dass er noch nicht fähig war, zu lieben nach dem Maß der sich schenkenden *Agape*, und auch Jesus wusste das. Deshalb verlangte er von Petrus nicht etwas, was über seine Fähigkeiten ging. Jesus war realistisch in dem, was er von seinen Jüngern erwartete. Er ist es auch im Blick auf uns. Er weiß, dass wir weit davon entfernt sind, vollkommen zu sein. Übrigens waren auch die Menschen, die von der katholischen Kirche als „Heilige" verehrt werden, nicht vollkommen. Es wird anerkannt, dass sie die Tugenden auf „heroische Weise" gelebt haben; das ist etwas ganz anderes. Jesus verlangt keine Perfektion. Wir hingegen allzu oft, und darin liegt das Problem. Perfektionisten gehen mit anderen und mit sich selbst hart ins Gericht. Ihre Erwartungen sind zu hochgesteckt. Perfektionismus öffnet dem Versagen Tür und Tor. Deshalb enden Perfektionisten normalerweise in der Frustration, und ihrer Umgebung haben sie mancherlei Verletzungen hinterlassen ... Das sollten wir uns vor Augen halten, wenn wir selbst zum Perfektionismus tendieren.

Doch auch wenn wir keine Perfektionisten sind, werden die meisten von uns in dem einen oder anderen Punkt an andere zu hohe, unrealistische Erwartungen stellen. Jungverheiratete erwarten wahrscheinlich, dass ihre Partner so werden, wie sie es sich wünschen. Eltern erwarten, dass die Kinder in ihre Fußstapfen treten oder tun, was sie sich für sie erträumen, statt ihnen zu wünschen, dass sie ihren eigenen Weg finden. Wir können sogar Erwartungen an unser Verzeihen knüpfen: Wenn wir jemandem vergeben haben, dann erwarten wir, dass er sich ändert und dankbar zeigt, zumindest, dass er von nun an nett zu uns ist.

Manchmal sind unsere Erwartungen ein Widerschein unserer Bedürftigkeit oder Not. Als zum Beispiel der Ehemann nach einem schweren Unfall bettlägerig wurde, erwartete die unglückliche Ehefrau so unangemessen viel Aufmerksamkeit und Beistand, wie kein Freund und Bekannter ihr geben konnte. Damit vertrieb sie einen nach dem anderen und beraubte sich damit auch der Hilfe und Unterstützung, die sie hätte bekommen können. In der Folge wurde die Frau zu einem verbitterten und verärgerten Menschen.

Wenn wir enttäuscht reagieren, weil jemand unsere unrealistischen Erwartungen nicht erfüllt hat, könnten wir der Auffassung sein, wir hätten ihm das zu verzeihen. Dabei hat er nichts getan, was der Vergebung bedarf. Das Problem lag vielmehr bei uns. Die Lösung ist, unsere Erwartungen herunterzuschrauben. Wir können nicht erwarten, dass jemand mehr gibt, als er geben kann. Wir können nicht erwarten, dass jemand so ist, wie er nicht sein kann. Und ganz sicher können wir nicht erwarten, dass er perfekt ist. Es stimmt zwar, Jesus hat gesagt: „Ihr sollt vollkommen sein, wie es auch euer himmlischer Vater ist"

(Matthäus 5,48). Aber damit hat er nicht gemeint, dass wir makellos sein sollen. Wenn das der Fall wäre, wäre es schlecht um uns bestellt. Das Wort bezieht sich vielmehr im Textzusammenhang darauf, dass wir es machen sollen wie Gott, der in seiner bedingungslosen Liebe die Sonne über alle Menschen aufgehen lässt.

Eine solche Liebe beinhaltet, dass wir den anderen annehmen und ihn nicht mit unseren Erwartungen erdrücken. Wenn wir das lernen, werden wir entdecken, dass es viel weniger zu vergeben gibt, als wir bisher vielleicht gedacht haben.

8. Welchen Anteil habe ich?

In einem Interview mit Paul McCartney kam zur Sprache, dass es von seinem Lied „Yesterday", das er in seiner Zeit bei den Beatles geschrieben und aufgenommen hat, inzwischen über 3000 Coverversionen vieler anderer Künstler und Bands gibt. Es sei seltsam, meinte McCartney, wie sein Lied in manchen Versionen verändert worden ist. Im Original lautet eine Zeile: „Ich habe etwas Falsches gesagt, jetzt sehne ich mich nach gestern." Es geht dabei um einen Mann, der seinen Fehler zugibt und einsieht, weshalb die Frau, die er liebte, ihn verlassen hat. In den Coverversionen wurde diese Zeile wie folgt verändert: „Ich muss wohl etwas Falsches gesagt haben", in dem Sinn: „Ich bezweifle, dass es tatsächlich der Fall war" – so jedenfalls deutet McCartney die Abänderung. Damit aber wird nahegelegt, dass den Mann aus dem Lied keine Schuld trifft, vielmehr der Grund bei der Frau und ihrer Überempfindlichkeit zu suchen ist. Die Trennung war also ihr Fehler, nicht seiner.

Die Tatsache, dass das Lied wiederholt in dieser Weise abgeändert wurde, zeigt, wie schwer es ist, Fehler einzugestehen und Verantwortung für das eigene Tun zu übernehmen. Es ist einfacher, Entschuldigungen vorzuschieben, mit dem Finger auf andere zu zeigen oder sich hinter den Umständen zu verstecken, die einen beeinflusst haben. Ein solches Verhalten ähnelt dem eines Kindes, das aus Versehen Mutters beste Blumenvase zerbricht, sich aber nicht traut, es zuzugeben und stattdessen den Hund beschuldigt.

Wenn wir eine Situation betrachten, in der wir verletzt wurden, ist es leicht, die ganze Schuld dem zuzuschieben, der uns beleidigt hat. Es kann aber durchaus sein, dass wir unseren Teil dazu beigetragen haben. Auch wir mögen eine Mitschuld haben an den Umständen, die zu dem Zerwürfnis geführt haben. Das entschuldigt die andere Person nicht; jeder ist für seine Taten verantwortlich. Aber könnte es nicht sein, dass diese Tat eine Reaktion auf etwas ist, das ich getan habe? Hat die Auseinandersetzung vielleicht etwas zu tun mit dem, was ich in irgendeiner Form dem anderen angetan habe? Solche Fragen sollten wir uns stellen, wenn es ums Verzeihen geht. Es ist leichter, einem anderen zu vergeben, wenn ich anerkenne, dass ich vielleicht auch seiner Vergebung bedarf.

In einer Predigt stellt Jesus eine Frage, auf die er die Antwort schuldig bleibt. Vielleicht möchte er, dass wir uns selbst die Antwort geben, weil sie für jeden anders ausfallen kann: Warum bemerken wir die Fehler der anderen und übersehen unsere eigenen? Mit Jesu Worten gesagt: „Warum siehst du den Splitter im Auge deines Bruders, aber den Balken in deinem eigenen Auge bemerkst du nicht?" (Lukas 6,41).

Es kann viele Gründe dafür geben. Vielleicht sind wir zu ängstlich oder schämen uns, unsere Fehler einzugestehen. Oder wir fühlen uns mit unseren eigenen Fehlern besser, wenn wir uns auf die der anderen konzentrieren. Es ist möglich, dass wir unsere Fehler ignorieren, weil wir uns nicht mit ihnen beschäftigen wollen. Oder es könnte sein, dass wir erst gar nicht erkennen, worin sie überhaupt bestehen; womöglich muss uns jemand helfen, sie zu entdecken. Oder der tiefe Schmerz über die Verletzung, die uns ein anderer zugefügt hat, macht uns blind dafür, dass vielleicht auch wir ihn verletzt haben.

Auch pure Bequemlichkeit kann uns dazu führen, unsere Fehler abzutun; denn es ist viel einfacher, jemand anders die Schuld für unseren Ärger zuzuschieben, statt selbst die Verantwortung dafür zu übernehmen. Und so jammern wir: „Mein Job ist schuld, dass ich zur Flasche greife." – „Meine Eltern haben mich zu dem gemacht, was ich bin." – „Ich hinterziehe keine Steuern; die Regierung stiehlt mein Geld." – „Du würdest es genauso machen, wenn du mit ihm/ihr verheiratet wärest." Ganz typisch sind Aussagen wie diese: „Da hat mich wohl der Teufel geritten." Manchmal gebrauchen wir faule Ausreden: „Das tut doch jeder!"; „Ich schade doch niemandem!"; „So bin ich nun mal!"; „Gott hat andere Sorgen!"; „Ach was, das war der einzige Spaß, den ich in dieser Woche hatte!" ...

Ein weiterer Grund, warum wir die Fehler der anderen sehen, die eigenen hingegen nicht, besteht darin, dass wir dazu neigen, die anderen nach ihrem Verhalten zu beurteilen, uns selbst aber nach unseren Absichten. Zum Beispiel: Wenn *wir* aufs Gaspedal drücken, sind wir aus einem wichtigen Grund in Eile. Wenn jemand anders zu schnell unterwegs ist, bezeichnen wir ihn als rücksichtslosen Raser. Während wir jemand anders leichtfertig verurteilen, haben wir für uns selbst schnell eine Entschuldigung parat, auch wenn es die gleiche Tat war. Wir argumentieren, dass wir aus den besten Gründen handeln, während wir bei den anderen nicht davon ausgehen.

Die eigenen Fehler einzugestehen heißt die eigene Schwäche anzuerkennen. Leider stehen in unserer Gesellschaft Macht, Herrschaft und Einfluss hoch im Kurs, während Schwäche als problematisch und gefährlich gilt. „Wer Schwäche zeigt, ist verloren!", lautet eine Parole beim Militär. Das mag auf dem Schlachtfeld richtig sein. Doch im geistlichen Leben kommt das Eingeständnis von Schwäche einem Sieg gleich. Es zeigt, dass wir realistisch sind. Das wiederum kann uns helfen, die Schwächen der anderen anzunehmen und zu verzeihen.

Wir benötigen Demut, Mut und eine gesunde Selbstliebe, um uns ehrlich zu prüfen, unsere Schwachstellen zu bejahen und unsere Fehler einzugestehen. Nur so sind wir fähig, das Leben und Handeln anderer mit klarem Blick und reinem Gewissen zu beurteilen. Und so verstehen wir auch, dass jede Sache (mindestens) zwei Seiten hat. Es wird uns besser gelingen, eine Situation auch von einem anderen Standpunkt aus zu betrachten, und wir können leichter akzeptieren, was unser möglicher Anteil daran ist. Sind wir geblieben und haben mitgemacht, statt fortzugehen? Haben wir geredet, als wir besser geschwiegen hätten? Waren wir arrogant? Grob? Unsensibel? Gedankenlos? Selbstsüchtig? Oder waren wir einfach nur achtlos oder unaufmerksam?

Ein Mensch, der uns Leid zugefügt hat, mag auf der Ansicht beharren: „Du hast es nicht anders gewollt!" Das stimmt so natürlich nicht; denn unser Verhalten gibt dem anderen niemals das Recht, uns zu verletzen. Aber es könnte uns leichter fallen, dieser Person zu verzeihen, wenn wir bedenken, dass solche Gedanken durchaus kommen können.

9. DIE POSITIVE KRAFT DES ZORNS

Der Tempel in Jerusalem ist brechend voll. Die Gläubigen sind von überallher gekommen, um das Paschafest zu feiern. Auch Jesus ist dort, um das Volk zu lehren. Doch was er zu sehen bekommt, beunruhigt ihn: Geldwechsler berechnen unverschämt hohe Wechselkurse, damit die Besucher die jährliche Tempelsteuer mit kultisch einwandfreien, bilderlosen Münzen (d. h. ohne heidnische Prägung) begleichen können. Um die vorgeschriebenen religiösen Opfer zu bringen, sind die Pilger im Wesentlichen gezwungen, überteuerte Opfertiere von den Händlern innerhalb des Tempelbezirks zu kaufen. Tiere zu vernünftigen Preisen gibt es in der Stadt. Doch nur Tiere, die von den Tempelhändlern gekauft wurden, kommen durch die Kontrolle der Tempelwächter. Ein korruptes System, und die Verantwortlichen füllen ihre Taschen auf Kosten der Armen.

Jesus ist empört über diese Ungerechtigkeit. Vor der erstaunten Menge beschuldigt er die Verantwortlichen, aus dem Haus Gottes eine „Räuberhöhle" gemacht zu haben; er stößt ihre Tische und Stände um und treibt sie aus dem Tempel hinaus (vgl. Markus 11,15–19). Die „Tempelreinigung", wie diese biblische Szene oft genannt wird, zeigt: Auch Jesus hat Zorn empfunden.

Dennoch meinen viele Christen, dass sie nicht zornig werden dürfen: Wenn Jesus geboten hat, die Feinde zu lieben und die andere Wange hinzuhalten, dann könne der Zorn nicht mit dem christlichen Glaube vereinbar sein; auf jeden Fall sei er ein bedauerlicher Verlust der Selbstkontrolle, wenn nicht gar eine schwere Sünde!

Jesus aber war ohne Sünde (vgl. 2 Korinther 5,21; Hebräer 4,15); er hat ein vollkommenes Leben geführt. Wir sind in seine Nachfolge gerufen; doch dieser Christus, dem wir nachfolgen sollen, kannte in seinem Erdenleben auch den Zorn!

Was Jesus tat, war Ausdruck seiner Liebe. Das gilt auch für seinen Zorn. Stellen wir uns einmal vor, es wäre ihm egal gewesen, ob der Tempel Gottes zu einer „Räuberhöhle" verkommt, und das Wohl der Armen, die ausgebeutet wurden, hätte ihn nicht gekümmert!? Jesus konnte nicht schulterzuckend wegschauen oder weggehen!

Seine zornige Reaktion spiegelt die menschliche Fähigkeit, sich über ein Unrecht aufzuregen. Aus solchem Zorn erwächst die Kraft, gegen das, was falsch ist, anzugehen und es gegebenenfalls zu ändern. Für Augustinus sind der Zorn und sein „Bruder", der Mut, „Söhne der Hoffnung". Wir können unseren Zorn über die Dinge, wie sie sind, dafür einsetzen, dass wir versuchen, sie zu verändern, damit sie werden, wie sie sein sollten. Das zu tun ist eine Tat der Liebe.

Natürlich ist Zorn nicht immer ein Ausdruck von Liebe. Er kann sich zu Groll und Selbstmitleid verfestigen und in uns den Wunsch nach Vergeltung wachrufen. Er kann sogar zu einem Ausbruch blinder Wut führen. Doch daraus sollten wir nicht den Schluss ziehen, dass der Zorn selbst das Problem ist. Zunächst ist Zorn einfach ein Gefühl – und weder gut noch schlecht. Erst der Umgang mit diesem Gefühl kann richtig oder falsch sein. Es ist ganz normal, auf ein zugefügtes Unrecht mit Zorn und Ärger zu reagieren. Entscheidend ist, wie wir mit diesem Gefühl umgehen. Dabei ist zweierlei zu vermeiden: den Zorn zu leugnen oder uns darin zu verbeißen.

Zorn lässt sich nicht ignorieren. Unsere Empfindungen sind ein wichtiger Teil von uns; wenn wir sie leugnen, leugnen wir einen Teil von uns selbst. Wenn wir also versuchen, den Zorn als nichtexistent abzutun, wird er sich nur umso fester einnisten; wir werden traurig, verletzend und niedergeschlagen. Er äußert sich womöglich in unangemessenen Reaktionen oder richtet sich gegen unbeteiligte Menschen. Ein Beispiel: In der Arbeit wurden wir vom Chef ungerecht behandelt, und zu Hause schreien wir die Ehefrau an oder schlagen den Hund ...

Es ist auch möglich, dass wir uns in den Zorn hineinsteigern. Wir werden missmutig und wollen es dem, der uns Leid zugefügt hat, heimzahlen. Zu guter Letzt verleumden wir diese Person nach Strich und Faden und versuchen, ihren guten Ruf zu zerstören. Unser Zorn wird vielleicht so stark, dass wir innerlich kochen und schließlich explodieren. Wir sind unfähig, noch einen vernünftigen Gedanken zu fassen, und tun Dinge, die wir später wahrscheinlich bereuen. Der

Zorn braucht ein Ventil, doch das sollte langsam geöffnet werden. Wenn er zu lange aufgestaut wird, explodiert er wie ein übervoller Luftballon. Man sollte die Luft rechtzeitig und langsam hinauslassen …

Den Zorn langsam abbauen ist ein Aspekt des rechten Umgangs damit. Zunächst einmal müssen wir akzeptieren, dass dieses Gefühl in uns da ist, und uns eingestehen, dass sich unser Zorn gegen jemand oder etwas richtet. Dann müssen wir uns damit auseinandersetzen, bis wir es schaffen, ihn loszulassen.

Hilfreich sind dabei Gebet und Geduld. Vielleicht müssen wir der Person, die uns Leid zugefügt hat, entgegentreten und ihr Verhalten anklagen. Und wir sollten trauern über die Verletzung und über das, was wir verloren haben: vielleicht die Beziehung zu einem Menschen oder einen großen Wunsch, vielleicht Zeit und Energie, vielleicht etwas Materielles, das gestohlen, verloren oder zerstört wurde …

Um den Zorn vollständig loslassen zu können, ist wesentlich, das zu verzeihen, was die Ursache unseres Zorns ist. Das mag hart sein, insbesondere wenn der Zorn heftig ist. Doch Vergebung ist ein Akt des Willens; wir können uns dafür entscheiden, vergeben zu wollen, sogar dann, wenn wir vor Zorn innerlich kochen. Doch je länger wir diese Entscheidung hinausschieben, desto mehr wird uns der Zorn verhärten.

Der Volksmund rät: *Don't get mad, get even* – Bevor du dich schwarz ärgerst, zahl's lieber heim! Doch so sehr Jesu Beispiel zeigt, dass Zorn sein darf, so sehr betont er auch, dass wir dem anderen nichts heimzahlen sollen. Und er besteht darauf, dass wir verzeihen. Das aber beinhaltet, dass wir gegebenenfalls hart an unserem Ärger zu arbeiten haben.

Der Priester Lawrence Jenco wusste, was das heißt. Er hat den islamistischen schiitischen Terroristen, die ihn 1985 im Libanon entführten, verziehen – eine Entscheidung, die ihm einiges abverlangt hat. Eine seiner Erkenntnisse lautet: „Solange wir den Schmerz in uns nicht zulassen, ist es unwahrscheinlich, dass die Vergebung echt ist."

10. Lass uns darüber reden!

Im April 1995 verübte Timothy McVeigh einen Bombenanschlag auf das *Federal Building*, ein Regierungsgebäude in Oklahoma City (USA). Zu dem Zeitpunkt hielt sich auch Julie Welch darin auf, die mit ihrem Vater zum Essen verabredet war. Sie starb mit 167 weiteren Personen durch die Explosion.

Bud Welch kam über den Verlust seiner Tochter nicht hinweg. Er begann zu trinken und rauchte bis zu drei Schachteln Zigaretten am Tag. Immer wieder begab er sich zu der Stelle, von der aus er das Trümmerfeld überschauen konnte, wo einst das Gebäude gestanden hatte, und dachte an seine Julie, das Herz voll Trauer und Wut. Mit der Zeit wurde ihm bewusst, dass er krank war. Er fragte sich, ob Vergeltung ihm helfen würde? Wie sollte sein Leben weitergehen? Eines Tages ging ihm auf, dass die Wut, die ihn erfüllte, im Grunde nicht viel anders war als die Wut, die den Tod seiner Tochter verursacht hatte. Diese Wut musste *bei ihm* ein Ende finden. Gestützt auf seinen christlichen Glauben fand er die Kraft, Timothy McVeigh zu vergeben und kämpfte gegen die Todesstrafe. Unentwegt sprach er über die Notwendigkeit der Vergebung. Seitdem hat er vor dem britischen Parlament und dem Europaparlament, der russischen Duma und dem Rechtsausschuss des Repräsentantenhauses der Vereinigten Staaten gesprochen. Er schrieb für „Time" und „Newsweek" und andere Zeitungen und Magazine und trat in bedeutenden Fernsehsendungen auf … Im Laufe der Zeit hat er zahllose Menschen durch sein persönliches Zeugnis angesprochen. Es verwundert nicht, dass viele Menschen bei Bud Welch Rat suchen, wenn es um Vergebung geht: Wer selbst den schweren Pfad der Vergebung gegangen ist, weiß, welche Gedanken und Gefühle einen überkommen können; wer eine solche Erfahrung von Schmerz und Verlust erlebt hat, der kann anderen wohl am ehestens weiterhelfen …

Wenn es darum geht zu vergeben, sind wir oft auf Hilfe angewiesen: Wir brauchen jemand, mit dem wir darüber reden können. Doch oft ist uns das nicht bewusst; wir wollen uns allein durchschlagen. Vielleicht ist es uns auch peinlich, uns zu öffnen, oder wir schämen uns des Vorfalls. Vielleicht zögern wir, unsere tiefen Gefühle oder persönlichen Erfahrungen mitzuteilen und bei anderen Hilfe zu suchen, weil es uns als Schwäche ausgelegt werden könnte. Oder wir denken: „Reicht es nicht, wenn ich das mit Gott ausmache?"

Vielleicht genügt es; aber bedenken wir, dass Christsein nicht einfach nur heißt: „Jesus und ich". Es bedeutet auch: „Jesus und wir"! Christen sind *ein Leib in Christus*. Paulus schreibt: Christus ist das Haupt des Leibes, und die Getauften sind Glieder an diesem Leib (vgl. Römer 12,4f; 1 Korinther 12,12f). Jesus erwartet, dass die Glieder seines Leibes einander helfen und unterstützen. Manchmal bedient er sich der Hände eines dieser Glieder, damit seine heilende Berührung bei einem anderen Glied ankommt. Es kann sein, dass Jesus uns jemand über den Weg schickt, vielleicht ist es ein Bekannter, vielleicht auch ein Fremder: jemand, der bereit ist, seine eigene Erfahrung mit uns zu teilen, wie es Bud Welch getan hat.

Wenn es ums Verzeihen geht, kann man sich leicht etwas vormachen. Denn im Zorn oder aus Schmerz reagiert man häufig subjektiv und unüberlegt. Man erfindet Ausreden, warum man nicht vergeben sollte oder kann, man bleibt stecken in Bitterkeit und Wut. In solchen Momenten kann der klare Blick eines anderen auf die Situation hilfreich sein. Der griechische Mönch und Schriftsteller Johannes Klimakus (6./7. Jh.) schreibt: „Gott hat es so gefügt, dass keiner die eigenen Fehler so deutlich sieht wie der Nachbar."

Wenig hilfreich sind Menschen, die uns nur das sagen, was wir hören wollen, selbst wenn es gutgemeint und mitfühlend ist. Besser ist schon jemand, bei dem wir uns einfach nur ausweinen können. Ganz sicher können wir niemand brauchen, der unsere Verbitterung noch anheizt. Vielmehr brauchen wir einen Menschen, der wirklich für uns das Beste will, das heißt: jemand, der uns so gern hat, dass er uns auch die Wahrheit zumutet, selbst wenn sie wehtut.

Wer immer diese Person ist, wir müssen darauf vertrauen können, dass sie uns in rechter Weise begleitet: dass sie uns die Hand hält; dass sie uns auch mal einen Schubs gibt, wenn wir bloß jammern, oder uns Einhalt gebietet, wenn wir nur so um uns schlagen; dass sie uns Mut macht und anspornt. Manchmal muss sie vielleicht auch das Selbstmitleid aus uns „herausschütteln".

Wenn wir mit jemand etwas durchsprechen müssen, ist das natürlich kein Freibrief, über die Person, die uns Unrecht getan hat, schlecht zu reden. Jeder hat das Recht auf einen guten Ruf und Ansehen. Wir dürfen niemanden diffamieren und keinesfalls eine Hetzkampagne starten, um Mitleid zu heischen oder andere auf unsere Seite zu ziehen. Gewiss, die Versuchung ist groß. Wir könnten zu einem Freund sagen: „Du musst einfach wissen, was es mit dieser Person auf sich hat!" Wir geben vor, dabei auf das Wohl unseres Freundes bedacht zu sein; stattdessen versuchen wir nur darauf hinzuwirken, dass unser Freund die betreffende Person genauso ablehnt wie wir.

Wenn wir nach einem Menschen Ausschau halten, dem wir uns mit unserem Ringen und unseren Nöten anvertrauen können, sollte er weise, vertrauenswürdig und verschwiegen sein. Es kann ein Familienmitglied sein, ein Freund, vielleicht auch jemand aus der Kirchengemeinde. Es kann ein Mitarbeiter aus unserer Pfarrei sein oder der Geistliche, bei dem wir regelmäßig beichten. Auch ein Therapeut kann uns helfen, insbesondere wenn wir unter Depressionen leiden oder traumatisiert sind.

Bernhard von Clairvaux schreibt:

> „Wer sich selbst zu seinem Meister erwählt, macht sich zum Schüler eines Dummkopfs."

Harte Worte, aber wahr. Auf unserem Weg des Glaubens ist es besser, nicht allein zu reisen. Jesus hat seine Jünger zu zweit ausgeschickt, damit sie sich gegenseitig stützen konnten. Auch wir bedürfen der Unterstützung auf unserer Lebensreise, insbesondere wenn es um Situationen geht, in denen Verzeihen angesagt ist. Wenn es darum geht, von Herzen zu verzeihen, sind zwei besser als einer.

11. Nicht aufgeben

Die Freunde Christophe de Chantal und Louis D'Anlezy waren auf einem Jagausflug, als sich unversehens ein Schuss löste und Christophe in den Oberschenkel traf. Wenige Tage später erlag er seiner schweren Verletzung. Das war im Jahr 1601. Christophe war 37 Jahre alt und seit neun Jahren mit Jeanne verheiratet; sie hatten vier Kinder. Verständlicherweise war der Freund, der den Unfall verursacht hatte, untröstlich. Doch Christophe hegte keinen Groll gegen ihn; vor seinem Tod gab er ihm zu verstehen, dass es jedem hätte passieren können: „Ich bitte dich, verachte dich nicht für etwas, an dem dich keine Schuld trifft." Christophe trug seinem Freund nichts nach und ließ diesen „Akt der Vergebung" auch in der Gemeindechronik vermerken, damit später niemand den Freund rechtlich belangen konnte.

Christophe hatte auch seine Frau gebeten, dem Freund zu verzeihen, doch sie schaffte es nicht. Nach dem Tod ihres Mannes fiel sie in eine tiefe Depression. Monatelang kapselte sie sich ab und vernachlässigte die Kinder. Sie verbot, D'Anlezys Namen in ihrer Gegenwart zu nennen. Der Schmerz war so groß, dass ihre Gesundheit Schaden nahm. Dennoch hielt Jeanne an ihrem christlichen Glauben fest und flehte zu Gott um Hilfe.

Diese Hilfe fand sie im Bischof von Genf, Franz von Sales.

Der Bischof fand schnell heraus, was Jeannes Problem war. Aber er wusste auch, dass es Zeit und Geduld brauchte. Unter seiner klugen Anleitung und Ermutigung fand sie schließlich die Kraft, dem Freund ihres Mannes zu verzeihen. Jahrelang hatte sie ihn gemieden; nun begann sie, ihn auf der Straße zu grüßen. Dann lud sie ihn zu sich nach Hause ein. Eines Tages fragte Louis sie, ob sie die Taufpatin seines neugeborenen Kindes sein möchte. Zu Tränen gerührt, willigte sie ein. Sechs Jahre nach dem Tod ihres Mannes hatte sie von ganzem Herzen vergeben. 143 Jahre später wurde Jeanne – es handelt sich um Johanna von Chantal – heiliggesprochen.

Manch einer könnte irritiert sein, dass eine Person, die heiliggesprochen wurde, so lange gebraucht hat, um einem anderen Menschen zu vergeben. Doch gerade diese Erfahrung zeigt deutlich, dass Vergeben eine schwierige Angelegenheit ist – auch für tiefgläubige Menschen. Der Akt der Vergebung fällt uns nicht spontan zu; vergeben ist für keinen Menschen selbstverständlich. Johannes Paul II. erklärt, dass die Vergebung „sich gegen den spontanen Instinkt richtet, das Böse mit dem Bösen zu beantworten" (*Botschaft zum Weltfriedenstag 2002*).

Dass Vergebung Zeit braucht, ist ganz natürlich. Vergeben-Wollen ist eine Entscheidung, aber auch ein Prozess. In vielen Fällen muss man sich noch einmal oder immer wieder entscheiden, einen bestimmten Vorfall zu vergeben. Jesus hat uns gelehrt, unseren Mitmenschen „siebenundsiebzigmal" zu verzeihen (vgl. Matthäus 18,22): In der Regel verstehen wir dieses Wort so: Wir sollen dem anderen jedes Mal verzeihen, so oft er sich auch uns gegenüber etwas zuschulden kommen lässt. Doch dieses Wort beinhaltet auch, eine bestimmte Sache immer wieder neu zu verzeihen. Manchmal haben wir uns entschieden zu vergeben und auch ein wenig Frieden erfahren; doch dann kommt der Ärger oder der Wunsch nach Vergeltung wieder hoch – und erneut stehen wir vor der derselben Entscheidung.

Im Epheserbrief findet sich der Rat, die Sonne über unserem Zorn nicht untergehen zu lassen (Epheser 4,26). Vielleicht gehen wir am Abend zu Bett und meinen, dass wir dieses Wort beherzigt hätten; doch am nächsten Tag überfällt uns die Erinnerung erneut, der Schmerz flackert abermals auf und wir haben den Eindruck, wieder ganz am Anfang zu stehen. Antike geistliche Autoren sprechen von den „Dämonen des Morgens", die sich auf diese Weise bemerkbar machen. Sie können schrecklich hartnäckig sein. C. S. Lewis schreibt: „Es hat keinen Sinn, so zu reden, als sei Verzeihen leicht. Wir alle kennen den alten Witz: ‚Du hast das Rauchen nur einmal aufgegeben; ich habe es schon dutzendmal getan.' Gleicherweise könnte ich mit Bezug auf einen gewissen Menschen sagen: ‚Habe ich ihm verziehen, was er mir damals angetan hat? Ich habe ihm unzählige Male verziehen!' Denn wir stellen fest, dass die Arbeit des Verzeihens immer wieder neu geleistet werden muss" *(C. S. Lewis, Das Gespräch mit Gott, Benziger: Zürich–Einsiedeln–Köln 1978, 37).*

Der Prozess des Vergebens durchläuft verschiedene Phasen. Insbesondere wenn es sich um etwas Schwerwiegendes handelt, gibt es enge Parallellen zu den Phasen des Sterbeprozesses, wie ihn die schweizerisch-US-amerikanische Psychiaterin Elisabeth Kübler-Ross beschrieben hat: Nichtwahrhabenwollen und Isolierung *(denial)*, Zorn *(anger)*, Verhandeln *(bargaining)*, Depression *(depression)*, Annahme *(acceptance)*.

Befinden wir uns in der Phase des Nichtwahrhabenwollens, reagieren wir mit Bestürzung und ignorieren den Schmerz: „Mir kann das nicht passieren", behaupten wir steif und fest. Doch irgendwann wird der Schmerz spürbar; Zorn macht sich breit. Wir sind versucht, uns zu rächen oder Vergeltung zu üben. Wir fangen an zu „handeln", schieben Entschuldigungen vor, weshalb wir nicht vergeben können oder sollen. Darauf folgt womöglich eine depressive Phase: Wir vergießen Tränen, klagen über den Verlust, ziehen uns in unser Schneckenhaus zurück, geben uns selbst die Schuld für das, was geschehen ist. Es ist zu hoffen, dass all dies irgendwann abgelöst wird durch Annahme, Vergebung und Frieden. Die genannten Phasen eines Prozesses der Vergebung folgen keiner strengen Gesetzmäßigkeit. Nicht jeder muss alle Phasen durchlaufen, aber die eine oder andere bleibt niemandem erspart.

Die harte Arbeit, die mit dem Vergeben verbunden sein kann, ist bisweilen frustrierend und entmutigend. Doch vergessen wir nicht, dass Gott unser Ringen mit seiner Gnade begleitet. Das Bestürzende ist nicht, dass wir mit heftigen negativen Gefühlen und Gedanken zu kämpfen haben. Man kann nicht einfach einen Schalter umlegen und über Nacht diese Empfindungen abstellen; vielleicht werden wir nie ganz frei davon sein. Wirklich tragisch wäre nur, die Flinte ins Korn zu werfen und aufzugeben.

Wenn wir alles andere lieber tun wollen als vergeben, wenn wir versucht sind zu denken: „Nein, da nicht!", dann kann uns der Gedanke helfen, dass wir dazu *verpflichtet* sind. So war es bei Terry Anderson. Der Journalist der amerikanischen Nachrichtenagentur *Associated Press* wurde von Terroristen im Libanon sieben Jahre als Geisel gefangen gehalten. Er hat Schreckliches durchgemacht. Die Kidnapper „haben mir und meiner Familie großes Leid zugefügt", schrieb er später. Als er während der Gefangenschaft einmal um eine Bibel bat, erfüllten ihm die Geiselnehmer zu seinem Erstaunen die Bitte und brachten ihm tatsächlich ein nagelneues Exemplar, in dem er fortan las. Ein Mitgefangener, der Priester Lawrence Martin Jenco, sprach ihm immer wieder Mut zu. Langsam fand Anderson die Kraft, seinen Feinden zu vergeben. „Ich bin Christ und muss bereit sein zu vergeben, egal wie schwer es sein mag", betonte er. Terry Andersons Erfahrung zeigt, wie wichtig es ist, im Prozess der Vergebung nie aufzugeben, sondern weiter „dran zu bleiben". Jesus versteht, dass wir Zeit brauchen. In seiner Liebe hat er uns aufgetragen, einander zu vergeben. Aber er hat uns keine Frist dafür gesetzt.

12. AN WELCHEM PUNKT BIN ICH?

Unter dem Regime von Ayatollah Khomeini war für iranische Christen das Leben extrem schwierig. Christliche Einrichtungen wurden gewaltsam geschlossen, Eigentum wurde beschlagnahmt, christliche Persönlichkeiten wurden schikaniert und eingesperrt, manch einer wurde das Opfer von Gewalt. Eines Nachts im Jahr 1980 drangen Unbekannte in das Haus des anglikanischen Bischofs in Teheran, Hassan Dehqani-Tafti, ein. Im Schlafzimmer seiner Frau Margaret feuerten sie fünf Schüsse ab. Einer traf sie in die Hand, die anderen streiften nur das Kopfkissen. Nach ihrer Genesung verließen der Bischof und seine Frau das Land und suchten Zuflucht in England.

Ihr Sohn Bahram beschloss, in seiner Heimat zu bleiben. Diese Entscheidung kostete ihn das Leben: Als er eines Abends von der Arbeit nach Hause kam – er lehrte Englisch an der Universität von Teheran –, wurde er hinterrücks erschossen. Da seine Eltern im Exil lebten, konnten sie nicht an seiner Beerdigung teilnehmen. Trotzdem formulierte Bischof Hassan ein Gebet für den Gottesdienst, das mit folgenden Worten schloss: „Gott, das Blut unseres Sohnes hat die Früchte des Geistes in unserer Seele vervielfacht. Wenn also einst am Tag des Gerichts seine Mörder vor dir stehen werden, denk an die Früchte des Geistes, durch die sie unser Leben bereichert haben, und vergib ihnen" *(Hassan B. Dehqani-Tafti, The Hard Awakening, New York 1981).*

Nach Bischof Hassans Tod beschrieb ihn eine Zeitung in einem Nachruf als einen „Menschen von sanftem und mitfühlendem Wesen, der unfähig war, über irgendjemand etwas Böses zu denken" *(The Daily Telegraph, 1.5.2008).* Selbst für einen „heiligmäßigen" Menschen ist es höchst bemerkenswert, den Mördern seines Sohnes zu vergeben. Und öffentlich die Hoffnung zu bekunden, dass sie gerettet werden, ist noch erstaunlicher. Nur wer wirklich vergeben hat, ist wohl dazu imstande.

Wenn wir darum ringen, verzeihen zu können, ist es gut, anhand verschiedener „Indizien" zu überprüfen, an welchem Punkt wir stehen. Anhand bestimmter Reaktionen und Haltungen können wir ersehen, ob wir irgendwie weitergekommen sind ...

Ein deutlicher Hinweis auf eine gelungene Vergebung ist – wie bei Bischof Hassan –, wenn uns das Schicksal unserer Feinde nicht gleichgültig ist. Im Klartext: Wünschen wir ihnen, dass sie „in den Himmel kommen" oder „zur Hölle gehen"? Wenn das Leben schwer wird, kann uns der Gedanke an den himmlischen Lohn trösten und Mut machen – und zugleich können wir versucht sein, denen, die für unsere Schwierigkeiten verantwortlich sind, den „Lohn" zu wünschen, den *sie* verdient haben … Doch Freude am Leid, am Ruin oder gar am ewigen Unglück anderer haben mit dem Himmel nichts zu tun; Augustinus hat ihn beschrieben mit Worten wie Licht, Ruhe, Glück, Frieden – Häme kommt in seiner Aufzählung nicht vor.

Fragen wir uns einmal ehrlich, was wir für die erhoffen, denen wir etwas zu verzeihen haben: Wünschen wir ihnen, dass auch sie Anteil erhalten an dem Licht, der Ruhe, dem Glück und Frieden, die wir für uns ersehnen? Oder wünschen wir ihnen das Gegenteil? Wer möchte, dass der andere „zur Hölle fährt", muss offenkundig weiter am Vergeben arbeiten …

Mag sein, dass wir unserem Gegner nicht gerade das Schlimmste wünschen, gemäß dem geflügelten Wort: „Das wünsche ich nicht einmal meinem ärgsten Feind!" Doch auch wenn wir ihm den Himmel nicht missgönnen, können manche Handlungen offenbaren, dass wir noch nicht vollständig vergeben haben, selbst dann, wenn unsere Gedanken in die richtige Richtung gehen. Zum Beispiel: Wie verhalten wir uns, wenn wir dem Menschen, der uns verletzt hat, irgendwo begegnen? Bemühen wir uns, gesittet und höflich zu sein, oder reagieren wir abweisend, unfreundlich, „passiv-aggressiv", wie Psychologen sagen? Reden wir schlecht über ihn, verbreiten wir hässliche Gerüchte? Oder können wir uns das verkneifen, vielleicht sogar etwas Positives über ihn sagen? Beten wir für ihn?

Wir sollten auch unsere Gefühle überprüfen, um uns bewusst zu machen, an welchem Punkt wir sind. Zehren Verbitterung und Zorn an uns? Will „ein Teil in uns" immer noch Rache? Und wenn wir trotz allen Bemühens zu verzeihen weiterhin den Schmerz spüren: Versuchen wir ihn zu betäuben – zum Beispiel mit Essen, Alkohol, ungezügeltem Sex oder anderen negativen Verhaltensweisen? Oder erfahren wir einen gewissen Frieden? Können wir einer bestimmten Person bei einem gesellschaftlichen Beisammensein begegnen, ohne dass wir uns über seine Präsenz ärgern oder der Blutdruck steigt?
Ein anderes Indiz für eine geglückte Vergebung ist die Fähigkeit, auf die schmerzliche Situation zurückzuschauen und Aspekte zu finden, die uns dankbar sein lassen:

Als wir mittendrin steckten, haben wir vielleicht gedacht, Gott sei fern oder ihn kümmere die Sache nicht. Doch jetzt können wir Gottes Gegenwart hinter der Situation wahrnehmen; wir spüren, dass sie uns dazu verholfen hat, innerlich zu reifen. Wir merken vielleicht, dass die leidvolle Situation auch eine Zeit der Gnade war: eine Möglichkeit, Vergebung zu empfangen und zu gewähren. Wir werden in unserem Christsein gestärkt. Wir haben etwas gelernt über uns selbst, über die anderen und über Gott. Wir haben gelernt, mehr auf Gott zu vertrauen. Wir haben Hass mit Liebe erwidert und konnten so Christus bezeugen ...

In seinem Gebet für seinen ermordeten Sohn Bahram hat Bischof Hassan Gott für vieles gedankt. Er hat dafür gedankt, auf diese Weise Jesus in seinem Leiden nachzufolgen; er konnte schreiben, ein solcher Leidensweg verbrenne „alle Selbstsucht und Besitzgier in uns". Bahrams gewaltsamer Tod habe „wie noch nie offenkundig gemacht, wie sehr wir das Vertrauen auf Gottes Liebe brauchen".

Von Jesus heißt es, er habe „durch Leiden den Gehorsam gelernt" (Hebräer 5,8). Auch wir können durch Schmerz und Leid viel lernen. Es ist ein starkes Anzeichen, dass wir vergeben haben, wenn wir für solche harten „Lektionen" dankbar

sein können. Anders gesagt: Der Akt des Vergebens ermöglicht es uns, Gott nicht nur für die
Freude zu danken, sondern   auch für den
Schmerz. Der schottische Dichter George Mathe-
son drückte es in *Moments on the Mount* (um 1883)
so aus:

„Mein Gott, ich habe dir nie für meine Dornen
gedankt. Tausendmal habe ich dir für meine Ro-
sen gedankt, aber kein einziges Mal für meine
Dornen. Ich habe in Erwartung einer Welt gelebt,
in der ich einen Ausgleich bekommen werde für
mein Kreuz, aber ich habe nie daran gedacht,
dass ich mich jetzt meines Kreuzes rühmen kann.
(…) Lehre mich den Ruhm des Kreuzes; lehre
mich den Wert meiner Dornen. Zeige mir, dass
ich auf dem Pfad des Schmerzes zu dir emporge-
stiegen bin. Zeige mir, dass meine Tränen meinen
Regenbogen gemacht haben."

13. Ich habe die Wahl

Wir standen in einer dunklen Kirche. Der
Sonntagsgottesdienst war vorbei, die Menschen waren heimgegangen, die Lampen ausge-
schaltet. Das einzige Licht rührte von Dutzenden
brennender Kerzen her: rote vor der Josefsstatue,

blaue vor dem kleinen Marienaltar. Gläubige hatten sie in einer bestimmten Gebetsintention angezündet. Der Pfarrer und ich hielten inne und betrachteten schweigend die flackernden Kerzen. Eine lange Zeit verharrten wir so. Dann drehte er sich zu mir und sagte: „Wissen Sie, jede einzelne Kerze steht für ein gebrochenes Herz." Ja, dachte ich; einige waren vielleicht aus Dankbarkeit für eine besondere Gnade entzündet worden, doch die allermeisten waren sicher Ausdruck eines Hilfeschreis.

Manchmal erscheint das Leben keineswegs als die wunderbare Gottesgabe, die es eigentlich ist. Sterben müsse man und Steuern zahlen, sagt man salopp, und auch Leid ist offenkundig ein unvermeidlicher Bestandteil menschlichen Lebens. Wir sind erlösungsbedürftig. Wir verletzen einander und uns selbst; die einen mehr, die anderen weniger, aber keiner ist ausgenommen. Aus gutem Grund beschreibt ein alter Marienhymnus, das *Salve Regina*, unser Leben als einen Weg durch ein „Tal der Tränen".

Jesus ruft uns auf, in diese Welt voller Tränen Liebe zu bringen, gerade dort, wo sie am meisten zu fehlen scheint. Als Christen sollen wir „Licht der Welt" sein – inmitten ihrer Dunkelheit. Wer wünschte sich nicht, dass diese Welt ein liebenswürdiger Ort sei? Manchmal liegt es auch an uns, ob sie es wird! Johannes vom Kreuz gab den Rat:

> „Wo keine Liebe ist, bringen Sie Liebe hin,
> und Sie werden Liebe finden."

Diese Liebe beinhaltet auch das Vergeben: Vergebung ist eine Geste der Liebe, die wir zur Ehre Gottes darbringen, als Segen für andere und um unserer Gesundheit, unseres Glück und unserer Heiligung willen, wie eingangs ausgeführt. Wir haben darauf hingewiesen, dass wirkliche Vergebung so wenig mit Fairness und purer Gerechtigkeit zu tun hat wie die Liebe. Wenn wir vergeben, wird die Gerechtigkeit durch Erbarmen gemildert und von der Gnade erfüllt. In diesem Sinne gilt: „Gerechtigkeit ist, dass du bekommst, was du verdienst. Barmherzigkeit ist, dass du nicht bekommst, was du verdienst. Gnade ist, dass du bekommst, was du nicht verdienst." Vergebung hat man nicht verdient. Sie ist eine freiwillige Gabe. Die anderen müssen sie sich nicht verdienen. An der Wand des Mutter-Teresa-Hauses in Kalkutta steht: „Menschen sind oft uneinsichtig, unlogisch, selbstbezogen. Vergib ihnen trotzdem. Letztlich ist es eine Angelegenheit zwischen dir und Gott. Es hatte sowieso nie etwas mit dir und ihnen zu tun."

Gott, der uns aufruft zu vergeben, schenkt uns großzügig seine Vergebung. Eine antike Legende illustriert das sehr gut: „Der ägyptische Wüstenvater Mios wurde von einem Soldaten gefragt, ob Gott einem Sünder vergibt. Der Weise stellte dem Soldaten eine Gegenfrage: ‚Wenn dein Mantel ein Loch hat, wirfst du ihn dann weg?‘ – ‚Aber nein, ich flicke ihn, damit ich ihn weiter anziehen kann.‘ Darauf Vater Mios: ‚Wenn du schon deinen Mantel so behandelst, wie sollte Gott dann nicht gnädig sein zu den Menschen, die er erschaffen hat?‘"

So wie der Soldat seinen Mantel flickt, setzt Gott auch uns wieder „instand". Er heilt unsere Gebrochenheit, vergibt unsere Sünden; dann schickt er uns aus, um anderen zu vergeben und sie zu „beleben". Tun wir es nicht, werden wir wahrscheinlich in unserem Groll steckenbleiben. Der Psychologe M. Scott Peck hat dies einmal mit dem Spiel *Monopoly* verglichen, das sich endlos hinziehen kann. Eigentlich will man es beenden, aber dann überspringt man erneut das Startfeld, kassiert 200 Dollar – und die nächste Runde beginnt. Manchmal kommt man nur heraus, indem man den Würfel weglegt und sagt: „Ich spiele nicht mehr mit!"

Das „Spiel mit dem Groll" beenden heißt: Vergeben.

Vergeben ist, wie oft gesagt, hart. Es widerspricht unserer gebrochenen menschlichen Natur, erfordert Demut, Mut, Risiko und Ausdauer. Doch wenn wir uns weigern zu vergeben, vermehren wir das Leid in der Welt (wovon es bereits genug gibt); wir dämonisieren die Menschen, die uns ungerecht behandelt haben (was ihnen gegenüber unfair ist); und wir schlagen das Geschenk der Vergebung Gottes an uns aus (was dumm ist).

Wie töricht es ist, sich der Vergebung zu verweigern, wurde der englischen Dichterin Rosamund Herklots (1905–1987) bewusst, als sie im Garten ihres Neffen Unkraut jätete. So wie das Unkraut langsam die Pflanzen erstickt, so zersetzen Bitterkeit und Groll das Leben in uns. Von dieser Einsicht inspiriert, schrieb sie einen Text, der zu einem beliebten Kirchenlied wurde:

„Vergib uns unsere Schuld,
wie auch wir vergeben:
So hast du, Herr, uns zu beten gelehrt.
Doch du allein kannst uns die Gnade gewähren,
die Worte zu leben, die wir sprechen.
Wie kann deine Vergebung
das unversöhnliche Herz erreichen und segnen,
das über Unrecht brütet
und alte Bitterkeit nicht ziehen lassen will?
In loderndem Licht enthüllt dein Kreuz

die Wahrheit, die wir schemenhaft wussten:
wie gering der uns geschuldete Betrag ist,
wie hoch wir in deiner Schuld stehen!
Herr, reinige uns in der Tiefe unserer Seele
und mach dem Groll ein Ende.
Dann – verbunden mit allen
durch das Band der Liebe –
wird unser Leben deinen Frieden verbreiten."

Es gibt Zeiten, in denen wir uns – aus welchem Grund auch immer – einreden möchten, dass wir Vergebung nicht nötig haben. Doch das ist kurzsichtig. Jesus lädt uns ein, weiter zu blicken. Er möchte, dass wir für immer bei ihm glücklich sind. Wir sollten überlegen: Was für ein Mensch wollen wir sein am Ende unseres Lebens, wenn wir vor der Ewigkeit stehen? Verbittert und nachtragend? Oder friedfertig und versöhnlich?

Besser noch ist, den Vorschlag des Ignatius von Loyola aufzugreifen und uns zu fragen: Wenn ich am Ende meines Lebens vor dem Angesicht des Herrn stehe – wie wünschte ich dann, mich im Leben entschieden zu haben? – Für die Jüngerinnen und Jünger Jesu gibt es in unserem Zusammenhang nur eine Antwort: Sie würden sich wünschen, vergeben zu haben.

Verwundungen, Verletzungen können die Seele verdunkeln. Vielleicht zünden wir in der Kirche eine Kerze an und schreien zu Gott um Hilfe. Vielleicht entfachen wir ein anderes Licht. Ein bekanntes chinesisches Sprichwort lautet:

> „Es ist besser, eine Kerze zu entzünden,
> als sich über die Dunkelheit zu beklagen."

Das ist ein guter Rat. Klagen wir nicht über die Dunkelheit, sondern vertreiben wir unsere Trübsal durch das Licht der Vergebung. Wie gesagt: um unserer selbst willen, um der anderen willen, um Gottes willen.

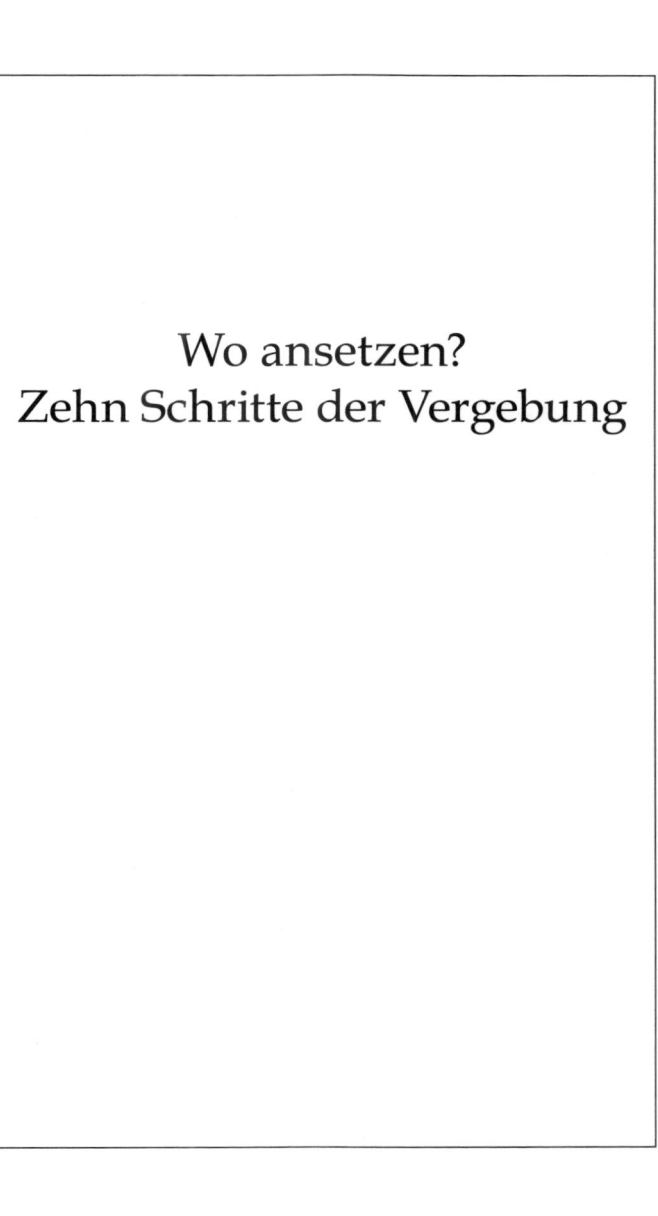

Wo ansetzen?
Zehn Schritte der Vergebung

Den Prozess der Vergebung kann man mit einer Reise vergleichen. Er hat einen Ausgangspunkt (die Erfahrung einer Verletzung) und ein Ziel (den Vollzug der Vergebung). Um die Reise zu einem guten Abschluss zu bringen, sind verschiedene Schritte wichtig.

Schritt 1: Sich Gott zuwenden

Unsere Reise beginnt mit der Umkehr: der Hinwendung zu Gott. Wenn wir uns ihm zuwenden, werden wir uns unserem Schmerz stellen können. Gott möchte unser Reisegefährte sein, und er will nicht, dass wir schweigend unterwegs sind. Es ist gut, mit ihm zu sprechen! Bitten wir ihn um Hilfe und Heilung, um Geduld und Mut, um Weisheit und Kraft. Im Verlauf unserer Reise ändert sich höchstwahrscheinlich, was wir zu ihm sagen. Aus der Bitte „Hilf mir!" wird vielleicht das Wort „Danke".

* * *

SCHRITT 2: NICHT STECKENBLEIBEN

Sich über das zu ärgern, was einem angetan wurde, ist keine Sünde. Gott hat uns die Fähigkeit gegeben, Zorn zu empfinden. Wie wir damit umgehen, ist allerdings entscheidend für den Fortgang der Reise.

Wenn der Zorn in Verbitterung und Groll umschlägt oder uns dahin führt, Vergeltung oder Rache zu suchen, sind wir an unserem Ärger hängengeblieben. Der Zorn kann uns aber auch voranbringen. Er kann uns dahin führen, uns der erlittenen Ungerechtigkeit zu stellen, uns zu verteidigen oder den Menschen, der uns Unrecht getan oder verletzt hat, in die Schranken zu weisen. Zorn und Liebe können Hand in Hand gehen.

Sagen wir Gott, wenn wir auf ihn wütend sind. Unser Zorn deckt vielleicht einen Mangel an Glauben und Vertrauen auf; doch Gott begegnet uns immer dort, wo wir gerade stehen. Er läuft nicht voraus, um dann darauf zu warten, dass wir ihn einholen. Gott bleibt auf dieser Reise stets an unserer Seite – auch wenn wir einen weiten Weg vor uns haben.

* * *

SCHRITT 3: DEN SCHMALEN PFAD WÄHLEN

Vergeben ist eine Entscheidung, kein Gefühl. Es ist normal, dass wir zornig, traurig, enttäuscht, verwirrt oder ängstlich sind, wenn uns Unrecht geschehen ist oder jemand uns verletzt hat. Doch trotz dieser Gefühle können wir uns entscheiden, vergeben zu wollen, keine Vergeltung zu üben, so zu handeln, wie es die Liebe erfordert. Wir werden unterwegs auf Weggabelungen stoßen: Wir können den Weg des Grolls und der Vergeltung einschlagen oder den Weg der Vergebung und des Friedens. Letzterer ist ein schmaler und schwieriger Pfad. Doch er ist der einzige, der zum Ziel führt.

* * *

SCHRITT 4: DER GEFAHR AUS DEM WEG GEHEN

Der Prozess der Vergebung ist häufig hart. Doch nicht alles muss sein: Wir müssen und dürfen uns nicht unnötiger Mühsal oder offensichtlichen Gefahren aussetzen.

Wenn Sie Opfer von Gewalt oder Missbrauch zu werden drohen, suchen Sie das Weite – wenn nötig, indem Sie wegrennen (vgl. dazu ausführlicher oben, S. 55–61). Auch Jesus ist in bestimmten Momenten der Gefahr aus dem Weg gegangen. Später hat er sich dann dem Leid gestellt, als es unvermeidlich war, um seine Sendung von Gott her zu erfüllen; der Kreuzweg war Teil seines Lebensweges. Auch wir haben unser Kreuz zu tragen. Doch nicht jedes Leid ist ein Kreuz, das Jesus uns zu tragen auffordert. Manches Leid ist zu meiden!

* * *

SCHRITT 5: HALT MACHEN IN EINER KIRCHE UND AUS DEN SAKRAMENTEN KRAFT SCHÖPFEN

Auf jeder langen, beschwerlichen Reise braucht man Nahrung, um sich zu stärken, wenn man abgekämpft, und Heilung, wenn man wund ist. Auf dem Weg der Vergebung bietet Jesus uns beides an. Im Sakrament der Versöhnung vergibt er und heilt die inneren Wunden, die uns unsere Sünden zugefügt haben.

Von ihm beschenkt, können wir weitergeben, was wir empfangen haben. Im Sakrament der Eucharistie nährt er uns mit seinem Leib und Blut. Er schenkt uns seine Gnade, damit wir weitermachen können. In seinem Frieden sendet er uns, damit wir Liebe und Vergebung bringen.

SCHRITT 6: NACH WEG UND RICHTUNG FRAGEN

Wir sind nicht die ersten, die den Weg der Vergebung einschlagen. Wer den Weg schon gegangen ist, kann uns helfen. Von ihnen können wir Wegweisung erbitten. Es kann ein kluger und vertrauenswürdiger Freund sein, ein Bruder, eine Schwester in Christus, ein Priester, Diakon oder sonst ein Seelsorger – oder auch ein Therapeut.

Gott weiß, dass wir die Hilfe anderer brauchen; vielleicht schickt er uns jemanden über den Weg oder zeigt uns jemanden, der eine Weile mit uns geht, uns anschiebt oder vorwärtszieht.

* * *

SCHRITT 7: LASTEN ABWERFEN

Als Jesus seine Jünger aussandte, wies er sie an, wenig Gepäck mitzunehmen. Auch auf dem Weg der Vergebung sollen wir möglichst unbeschwert reisen. Dazu kann es nötig sein, einigen Ballast abzuwerfen – zum Beispiel lähmendes Schuldgefühl, indem wir bei Gott Vergebung suchen. Wir sollten uns ferner „entlasten" von unangemessenen Erwartungen an die Menschen, denen wir etwas zu verzeihen haben.

* * *

Schritt 8: Über die Schulter schauen

Es kann helfen, zurückzuschauen auf die Situation, in der wir verletzt wurden, und neu zu bewerten, was damals geschehen ist. Waren wir in irgendeiner Weise mitverantwortlich? Haben wir etwas getan oder nicht getan, was die Begleitumstände der Verletzung geprägt hat? Was ist mit dem Menschen, der uns verletzt hat? Was hat sein Leben geprägt? Welche Faktoren haben dazu geführt, dass er so geworden ist oder so gehandelt hat? Die Gebrochenheit des anderen zu verstehen kann uns helfen zu verzeihen, was er uns angetan hat.

* * *

SCHRITT 9: KEINEN RÜCKZIEHER MACHEN

Der Prozess der Vergebung ist kein Sprint, sondern ein Marathonlauf. Es ist oft ein langer, schwerer Weg. Wir können nicht erwarten, unser Ziel schnell zu erreichen. Es kann sein, dass wir manchmal am liebsten aufgeben würden. Es mag uns so vorkommen, als würden wir einen Schritt vor und zwei zurück machen. Doch es ist wichtig, dass wir nicht aufhören weiterzugehen, und mit Ausdauer einen Fuß vor den anderen setzen. Denken wir an Jesus: Er ist nach Jerusalem gezogen, obwohl er wusste, dass er der Gefahr entgegen ging. Er hat sein Kreuz getragen und ist am Kreuz gestorben. Aber am dritten Tag ist er auferstanden. Auch wir dürfen hoffen, dass unsere beschwerliche Reise ein gutes Ende haben wird.

* * *

SCHRITT 10: DAS ZIEL IM BLICK HABEN

Das Ziel unserer Reise heißt Vergebung. Doch wie wissen wir, ob wir angekommen sind? Unsere Gedanken, Taten und Empfindungen werden uns zeigen, wenn wir uns dem Ziel nähern. Es kann sein, dass der Prozess der Verge-

bung erst am Ende unseres Lebens seine Erfüllung findet. Jedenfalls ist es gut, sich diesen Tag
vorzustellen und zu bedenken, welche Entscheidungen zu treffen sind, um die zu sein, die wir
sein möchten, wenn wir Jesus gegenüberstehen.
Solange wir unterwegs sind, können wir hoffen,
dass unser Ziel und das Ziel derer, die uns verletzt haben, identisch sind: das Leben mit Jesus
beim Vater. Jedenfalls ist das der Wunsch Jesu. Es
sollte auch unser Wunsch sein!

Quellen und Literatur

Warum vergeben?

Zu 1.: Peter John Cameron OP, „Editorial", Magnificat, 3/2000, 1.
„Forgive Their Trespasses", http://www.webmd.com/balance/features/forgive-their-trespasses, 18.6.2001.

Zu 2: Priit J. Vesilind, „Oil and Honor at Pearl Harbor", in: National Geographic, 6/2002, 98f.

Roxanne Roberts, „To Forgive, Divine: The Wisdom, and Healthfulness, of Letting Go of Anger", in: The Washington Post, 31.3.2002, F05.

Lisa Collier Cool, „The Power of Forgiving: Best Way to Heal a Heart", in: Reader's Digest, 5/2004, 91–93.

Zu 3: Beth Griffin, „Rwandan Saya God Saved Her from Genocide to Be Witness to Forgiveness", in: Catholic News Service, 15.11.2007.

Merkmale der Vergebung

Zu 2.: David Van Biema, „Should All Be Forgiven?", in: Time, 28.3.1999.

Peter John Cameron, OP, a. a. O., 1f.

Zu 3.: Gary Washburn, „Palmeiro Back to Baseball After Hearing", M.L.B.com, 18.3.2005.

Zu 6.: John L. Allen, Jr., „A Sicilian Lesson in the Complex Bond Between Bishops and Saints", in: National Reporter, 14.12.2006.

Vergeben – wie geht das?

Zu 3.: Dan Barry, „2 lives: Attack, Injury, Hope, Death; Officer Forgave Troubled Youth Who Shot Him", New York Times, 14.9.1995.

John Burger, „Hero Cop: Detective McDonald Urges Youth to Forgive, Frequent the Sacraments", Catholic New York, 1998.

Zu 5.: Michael Morris, OP, „Saint John of God", in: Magnificat, issue unknown, I–VI.

Zu 6.: Henri J. M. Nouwen, Home Tonight, New York: Doubleday, 2009, 105.

Gregory Popcak and Lisa Popcak, Parenting with Grace: Catholic Parents' Guide to Raising Almost Perfect Kids, Huntington/IN: Our Sunday Visitor, 2000, 22f.

Zu 7.: Jude Winkler, O.F.M., Conv., Handbook for Proclaimers of the Word, Liturgical Year C, 2007, Totowa/NJ: Catholic Book Publishing Corporation, 2006, 224f.

Zu 8.: Andrew Romano, „Truth is, I'm the Same Guy I Always Was", Newsweek, 11.6.2007, 51–55.

Zu 9.: William Barclay, the Gospel of Mark, Daily Bible Study Revised Edition, Philadelphia: The Westminster Press, 1975, 273–275.

Zu 11.: Vincent J. O'Malley, Ordinary Suffering of Extraordinary Saints, Huntington/IN: Our Sunday Visitor, 2000, 34f.

Zu 13.: M. Scott Peck, Further Along the Road Less Travelled, New York: Simon and Schuster, 1993, 40.

Raymond F. Glover, ed., The Hymnal 1982 Companion, New York: Church Hymnal Corporation, 1995, 1245.

Elisabeth Lukas

Der Freude auf der Spur

Sieben Schritte, um
die Seele fit zu halten

160 Seiten, gebunden, ISBN 978-3-87996-797-1

Elisabeth Lukas benennt aus ihrer reichen Lebens- und Therapieerfahrung sieben Schritte, wie man die Freude bewahren, wiederfinden und aus der Freude seelische Kraft
schöpfen kann. Viele konkrete Beispiele und anschauliche
Bilder verleihen der Lektüre eine wohltuende Leichtigkeit:
Das eigene Weiterdenken über „Fallen", in die man allzu
leicht hineintappt, stellt sich wie von selber ein. Hilfreich
und ermutigend für jeden, der den „Götterfunken" Freude
lebendig halten möchte!

Mehr unter www.neuestadt.com

Elisabeth Lukas

**Binde deinen Karren
an einen Stern**

Was uns im Leben
weiterbringt

160 Seiten, gebunden, ISBN 978-3-87996-907-4

Den eigenen „Lebenskarren" voranbringen, das ist nicht immer leicht. Vielfältig sind die Herausforderungen im „Spiel des Lebens", vielfältig die Ressourcen, aber auch die Blockaden in einem selbst. Elisabeth Lukas weiß aus ihrer Lebens- und Therapieerfahrung, wie wichtig es dabei ist, „den Karren an einen Stern zu binden": Wer spürt, was sinnvoll ist, wer ein Ziel anvisiert, der kommt weiter. Die vielen konkreten Beispiele dieses Buches machen Mut – an welchem Punkt man auch stehen mag.

Aus dem Inhalt: Wenn Pläne zerbrechen – Thema Schuld und Schuldgefühle – Ängste und Vertrauenskrisen – Die Kraft des Geistigen – Gute Freunde der Seele.

Mehr unter www.neuestadt.com